Le
libre et ses contextes

Cahiers Chronos

Collection dirigée par Carl Vetters

Ce volume est une réalisation du Centre d'Etudes Linguistiques de l'Université du Littoral (CGS Dunkerque)

Le style indirect libre et ses contextes

Sylvie Mellet *(ed. and introd.)*
et Marcel Vuillaume (éds) *and introd.)*

Amsterdam - Atlanta, GA 2000

Le papier sur lequel le présent ouvrage est imprimé remplit les prescriptions de "ISO 9706:1994, Information et documentation - Papier pour documents - Prescriptions pour la permanence".

The paper on which this book is printed meets the requirements of "ISO 9706:1994, Information and documentation - Paper for documents - Requirements for permanence".

ISBN: 90-420-0660-9
©Editions Rodopi B.V., Amsterdam - Atlanta, GA 2000
Printed in the Netherlands

Table des matières

Introduction : le style indirect libre et ses contextes

Sylvie MELLET

C.N.R.S. – UPRESA « Bases, Corpus et Langage »

Marcel VUILLAUME

Université de Nice-Sophia Antipolis – UPRESA « Bases, Corpus et Langage »

Il n'y a pas tout à fait un siècle que le style indirect libre (SIL) a reçu son nom de baptême, mais sa date de naissance, s'il en a une, se perd dans la nuit des temps. Ce décalage n'est sans doute pas fortuit. Le SIL est, par essence, voué à une existence discrète, et il a fallu qu'il devienne un procédé littéraire consciemment et massivement utilisé par les romanciers du XIXème siècle pour qu'on s'intéresse à lui. On s'est alors rendu compte que Flaubert et Zola – pour ne citer qu'eux – avaient au moins un illustre prédécesseur : La Fontaine. Puis, en poursuivant l'enquête, on a trouvé des manifestations de SIL dans le textes médiévaux, et d'autres plus anciennes encore, dans la littérature de l'Antiquité. Alors pourquoi une reconnaissance si tardive ? Peut-être parce que le XIXème siècle a effectivement innové. Alors que, jusque là, le SIL servait essentiellement à rapporter des paroles, on s'est mis à l'utiliser pour représenter des pensées, ce qui impliquait un narrateur aux pouvoirs exorbitants, capable, comme Dieu lui-même, de lire à livre ouvert dans l'âme de ses créatures. C'est probablement la prise de conscience de cette métamorphose spectaculaire qui a induit la découverte du SIL. Cette hypothèse est d'autant plus plausible que l'usage du SIL a longtemps été considéré comme un procédé essentiellement littéraire – sans doute parce qu'on a cru spontanément qu'il n'existait que là où on l'avait d'abord identifié. Sur ce point aussi, les idées ont évolué. Le SIL, on le sait aujourd'hui, a les fréquentations les plus diverses : l'automobiliste qui sort de sa voiture, armé d'une manivelle, pour demander confirmation à un interpellateur, en lui disant : « Alors, comme ça, je suis un *** ? » se sert du SIL – tout comme Flaubert donnant forme aux rêveries d'Emma Bovary avec des mots qu'elle-même n'aurait pu trouver [1]. A vrai dire, les deux procédés présentent des points communs, sans pour autant se confondre, et, malgré l'abondance des publications qui ont été consacrées au SIL, la recherche n'en a certainement pas fini

---

[1] Que ne pouvait-elle s'accouder sur le balcon des chalets suisses ou enfermer sa tristesse dans un cottage écossais, avec un mari vêtu d'un habit de velours noir à longues basques, et qui porte des bottes molles, un chapeau pointu et des manchettes !
Peut-être aurait-elle souhaité faire à quelqu'un la confidence de toutes ces choses. Mais comment dire un insaisissable malaise, qui change d'aspect comme les nuées, qui tourbillonne comme le vent ? *Les mots lui manquaient,* donc, l'occasion, la hardiesse. (Flaubert, Gustave, *Madame Bovary,* 47)

avec l'étude de ce phénomène aux manifestations si diverses. C'est cette considération qui a motivé la publication du présent volume et l'attention particulière qu'on y a prêtée à l'insertion du DIL/SIL dans son contexte.

En ouverture, on trouvera la présentation d'un ouvrage récent, dont les synthèses nous ont paru éclairantes et qui permettra au lecteur de mettre en perspective les problèmes traités dans les autres contributions : *Le discours rapporté. Histoire, théories, pratiques,* de Laurence Rosier.

Suit un article de Michèle Biraud et Sylvie Mellet consacré aux faits d'hétérogénéité énonciative dans les langues anciennes, depuis les reprises en écho manifestes jusqu'au SIL proprement dit. Ce travail comble une lacune : certes, des travaux antérieurs avaient établi l'existence du SIL dans les textes grecs et latins, mais il manquait une étude permettant de le situer parmi les phénomènes auquel il s'apparente et qui constituent en quelque sorte le terreau dont il se nourrit. Cette recherche montre, d'une part, que les faits d'hétérogénéité énonciative sont, dans les langues anciennes, beaucoup plus fréquents qu'on ne le croit généralement, et, d'autre part, que l'usage qui est fait de ces mentions implicites de la parole d'autrui ne coïncide pas exactement avec ce qu'on peut observer dans les langues modernes.

L'article d'Anna Jaubert, appuyé sur des exemples littéraires originaux et délibérément choisis à l'extérieur du cadre narratif, est consacré aux différentes valeurs illocutoires que revêt le discours indirect libre, à la diversité des stratifications discursives qu'il met en jeu et à toutes les ressources qu'il permet de déployer à partir de son ambiguïté fondamentale. Des limites, cependant, lui semblent s'imposer. Dans ce domaine aux frontières incertaines, qui peut de proche en proche devenir co-extensif à toute forme de mention implicite, Anna Jaubert situe clairement le DIL *dans le champ du discours rapporté,* et s'en explique. Le DIL peut se définir comme un mode spécifique de représentation, dans un discours, d'un autre acte d'énonciation. Le monologue intérieur, la pensée rapportée, stratégies sensibles du roman sont, selon Anna Jaubert, apparentés au DIL, mais s'en distinguent : ils ne renvoient pas à un acte d'énonciation, ils construisent un point de vue et résorbent l'écart de deux espaces mentaux, alors que le DIL, lui, résorbe l'écart de deux espaces énonciatifs. On passe d'une empathie directe, normalisée par l'omniscience, à une empathie problématisée, une « indicibilité » exhibée qui vaut modalisation et recueille une visée pragmatique de l'effet d'altérité.

Michel Juillard, travaillant sur des textes de langue anglaise, revendique en faveur des écrivains le droit à la plus extrême liberté. L'objet de son article est de montrer que la tâche du linguiste, qui s'efforce de décrire et de codifier ce qu'il observe dans les textes, risque fort de n'avoir pas de terme, tant il est vrai que la littérature ne cesse de subvertir tous les canons : « Le texte artistique », écrit-il, « tend à occuper tous les interstices de l'espace jalonné par des linguistes comme R. Quirk, G. Leech et M. Fludernik. En effet, l'écrivain imaginatif excelle à toujours trouver de nouveaux dosages de traits qu'il emprunte librement à telle ou telle variété standard des modes de mention. »

Le propos de Sylvie Mellet est tout autre. Prenant acte de l'absence de marque grammaticale spécifique du SIL, elle note que dans ces conditions, on pourrait être tenté de « réduire l'analyse à l'examen de la progression sémantico-logique du texte, en s'appuyant uniquement sur la cohérence extra-linguistique susceptible de sous-tendre celui-ci », mais qu'une telle attitude représenterait, pour le linguiste, une véritable démission. Aussi propose-t-elle de reprendre le problème sur nouveaux frais, à partir de l'observation suivante : si le SIL est fondamentalement ambigu, il faut bien que les instruments linguistiques dont il se sert le soient eux aussi. L'imparfait et le pronom *on* en sont doute sans doute les meilleurs exemples. Comme l'imparfait suscite, en un point de la ligne du temps antérieur au *nunc* du narrateur, une origine énonciative secondaire, il a vocation à faire entendre l'écho de paroles ou de pensées formulées dans le passé. A ce titre, il est donc fondamentalement bi-vocal. De plus, la nécessité d'assigner un site temporel précis à l'énonciation seconde oblige à faire appel au contexte, qui, souvent, n'offre pas d'autre antécédent approprié que la des-cription d'un comportement verbal. Seulement, par lui-même, l'imparfait ne donne aucune indication sur l'identité de l'énonciateur second et se prête donc à merveille aux ambiguïtés calculées et aux transitions subtiles. Quant au pro-nom *on*, sa singularité tient au fait que son référent est toujours identifié à partir des déterminations locales que reçoit le prédicat verbal qui l'intègre (I. Tamba). Il est donc ouvert à tous les changements de perspective énonciative et, à ce titre, entretient avec l'imparfait une connivence qui se révèle précisément dans le style indirect libre.

L'article de Marcel Vuillaume se situe dans une perspective assez voisine. Il part du constat que, si, effectivement, aucune phrase isolée ne peut être identi-fiée comme relevant du style indirect libre, il est en revanche fort rare qu'en lisant un roman, on commette des erreurs d'interprétation imputables à l'absence de marque formelle de style indirect libre. Reprenant l'inventaire établi par Charles Bally, il étudie les signaux extérieurs au SIL (signaux d'ouverture et de clôture) et les indices internes, dont certains ont déjà retenu l'attention des linguistes (exclamation, questions, jurons, etc.), alors que d'autres – notamment la singularité du comportement des pronoms anaphoriques (*ils(s)/elle(s)*), déjà signalée par Bally – ont été curieusement négligés dans les travaux récents. La conclusion de son étude, c'est que les signaux internes ont une valeur fonda-mentalement négative, en ce sens qu'ils font obstacle à l'intégration du SIL au discours qui l'environne et conduisent ainsi le lecteur à en attribuer la responsa-bilité à une instance distincte du narrateur.

Au terme de ce tour d'horizon, on aura compris que nous n'avons pas souhaité unifier à tout prix notre terminologie. Les étiquettes « SIL » et « DIL » entretiennent ici d'harmonieuses relations de voisinage, conformes au ton des discussions qui ont jalonné l'élaboration du présent recueil. Comme chacune a sa justification dans le contexte où elle est employée, vouloir éliminer l'une au profit de l'autre n'aurait pu que faire naître des malentendus : *citius emergit veritas ex errore quam ex·confusione.*

Le discours rapporté. Histoire, théories, pratiques [1]
Présentation

Laurence ROSIER
Université Libre de Bruxelles

Le discours rapporté. Histoire, théories, pratiques se veut moins une somme (forcément lacunaire sur un tel sujet, à tout le moins si on veut saisir à la fois l'histoire de la constitution théorique d'un objet interdisciplinaire, d'une pratique institutionnalisée sous le label "citation", d'un couple grammaticalisé sous les étiquettes *discours direct* et *discours indirect,* comprendre les enjeux théoriques au centre desquels le « discours rapporté » a joué un rôle déterminant, avec les concepts de polyphonie, de dialogisme, d'hétérogénéité, etc.) qu'un cheminement et une formation intellectuels menés conjointement au traitement de ce qu'on a coutume d'appeler « discours rapporté ». Il y a donc un itinéraire de type épistémologique conduit parallèlement à l'éclaircissement, du moins le pensons-nous, du sujet traité.

La volonté d'articuler une dénomination apparemment usitée de façon consensuelle, mais qui représente un changement de catégorisation radicale pour les grammaires scolaires (*en gros* des parties du discours et de la syntaxe à la sémantique et à l'énonciation) selon le triple angle de l'histoire (d'une histoire), des théories et des pratiques doit se comprendre selon les chiasmes suivants : histoire des théories, histoire des pratiques, pratiques des théories, théories des pratiques.

Le premier problème immédiatement posé par l'étude historique est celui de l'*objet* dont il s'agira d'étudier la constitution en *objet linguistique*. D'une part, il faut alors dissocier des pratiques antiques que la paraphrase de la nomenclature reflète (*oratio recta / oratio obliqua*), donc *grosso modo* nos discours direct et indirect, de ce qu'on classe actuellement sous une étiquette plus ou moins globalisante selon les théoriciens du discours rapporté (du couple DD/DI *stricto sensu* à l'ensemble des formes de l'hétérogénéité montrée mettant en scène le rapport à l'autre *lato sensu*), avec les déplacements et translations sémantiques que cela suppose (concurrence de *style* et de *discours* ; usages métalinguistiques ; rôle des théoriciens étrangers – Bakhtine en tête – et de la traduction de leurs ouvrages dans la constitution de la nomenclature, tentatives de renouvellements terminologiques, etc.). Nous avons montré comment, des origines rhétoriques et narratologiques de deux modes de dire fortement différenciés, on est passé progressivement à notre dichotomie grammaticale privilégiant le discours indirect, réduit à sa structure enchâssée *dire que*.

---

[1]   Thèse parue chez Duculot, collection « Champs linguistiques », 1998.

D'autre part, en nous tournant vers des formes, des pratiques répertoriées comme caractéristiques des langues anciennes (latin d'abord, ancien et moyen français ensuite), c'était, par un détour historique, mettre le doigt sur des états de langue particuliers pour lesquels le cloisonnement actuel entre les deux modes de reproduction du dit n'était pas pertinent : on y a rencontré des discours directs avec *que*, des discours indirects marqués typographiquement et un emploi particulier du subjonctif dit *de la pensée d'autrui*. Par rapport à une définition classique (superposant la syntaxe à la typographie) et restreinte (les formes en *dire* + discours rapporté direct ou indirect), ces formes anciennes permettent de revisiter les théories et les pratiques contemporaines en la matière selon la mixité formelle et l'élargissement des phénomènes à classer comme discours rapporté.

Passant en revue les théories d'obédience littéraire ou linguistique, nous avons classé ces dernières selon la place qu'elles accordaient à la problématique du discours rapporté et le traitement qu'elles faisaient subir au vocable : théories globalisantes qui élargissent le DR en son dehors (la polyphonie de Ducrot par exemple), théories particularisantes qui visent à faire entrer sous l'étiquette une série de formes ayant le même effet de sens (Gaulmyn), certaines étant à cheval sur les deux axes (Authier). Cet itinéraire métacritique montre à la fois un intérêt soutenu pour le DR et ses problèmes connexes mais aussi la perpétuation d'une sclérose des discours direct et indirect dont on nous présente inlassablement la même facette formelle (sauf dans les cas rares où la notion de mixité formelle est mise en avant comme chez Gaulmyn déjà citée). Afin d'intégrer théoriquement cette mixité, nous avons avancé l'idée d'un *continuum* des formes du discours rapporté.

Le champ des pratiques du DR auxquelles nous nous sommes attachée est, d'une part, le champ littéraire, d'autre part, le champ de la presse quotidienne et des magazines hebdomadaires et mensuels féminins. La restriction de notre corpus à un corpus *écrit* s'explique par le fait que notre modèle inclut notamment la dimension typographique dans la signalisation des DR. Rappelons aussi que nous sommes partie de définitions linguistiques et grammaticales des formes de DR effectuées à partir de l'écrit.

Au fil de notre recherche, nous avons isolé des formes qui nous semblaient devoir être traitées sur le même plan de l'analyse que les classiques discours direct et indirect ; il s'agit de :

J'aimais les maths mais, dans ma famille, *on disait que* ce n'était pas féminin. Une fille qui fait des maths c'était, *paraît-il*, «incasable» ou alors avec un prof de maths (Marie Cardinal, *Les mots pour le dire* : 51-52).
J'aurais voulu connaître le remords. *Je me suis laissé dire qu'*il avait un goût délicieux. (B. et F. Groult, *Il était deux fois...* : 131; les italiques sont de nous).
*Soi-disant qu'*elle songerait à vendre sa bicoque ? (Roger Martin du Gard, *Vieille France*, cité par Grevisse & Goosse 1993 : 1659).
Le *prétendu* "conditionnel" appartient au mode indicatif (Wilmet 1997 : 404).

Il faut que nous soyons ravies d'être vouées à des fonctions *dites* sublimes (B. Groult, *Ainsi soit-elle* : 205).

Les enfants nés de l'union d'un citoyen avec une étrangère étaient *réputés* bâtards (Fustel de Coulages, *La cité antique* : 12).

Oui, j'ai souvent remarqué qu'on *tient pour* aliénés ceux qui hasardent par exception des vérités éclatantes (Pierre Louys, *Aphrodite*, II).

Y compris la maternité qui *prétendument* nous sanctifie, puisqu'aujourd'hui encore, malgré quelques exemples illustres, on veut voir dans la fille mère non la mère qui a fait son devoir mais la fille qui n'a pas fait le sien (B. Groult, *Ainsi soit-elle* : 38)

Ces formes nous sont apparues comme des tournures permettant de rapporter un dit, voire un on-dit, sans l'attribuer de manière spécifique : elles retournent l'énonciation vers un autrui de conscience collective, de doxa anonyme, face à laquelle l'énonciateur marque une réserve. Il peut cependant parfois se servir de cette attribution collective pour soutenir son propre discours (si les autres l'on dit, c'est que c'est vrai). On se rapproche considérablement ici du « tiers-parlant » au centre de la théorie de Peytard (1993).

La prise en charge identifiée du discours cité est la caractéristique des formes que nous avons ensuite abordées. Nous avons emprunté la formalisation de Charolles (1987) pour la présentation des séquences étudiées : [forme + A]. Dans un premier temps, nous avons travaillé sur les formes proposées par Charolles. Ensuite, nous avons étendu le traitement à des formes annexes et complexes, aux caractéristiques morphologiques, syntaxiques et sémantiques proches.

Au dire de Pauline, Fabienne est restée une grande fille (1,80m) toute simple. Elle n'a jamais fait de caprice. Si, un : la belle refuse de porter des fourrures lors des défilés. La belle adore les bêtes. (*ELLE*, "Info-Hebdo, 2/8/1993 : 11)

Il avait le tort, *à leurs yeux*, d'être le ressortissant d'une nation neutre, aux sympathies indéterminées (Henri Troyat, *Amélie* : 181; où *leurs* désigne les habitués d'un café).

Pour nous, le traitement de ces formes se fait selon le principe de l'attribution du dire, même si, intuitivement, les emplois supposent une nuance particulière que ne semble pas, *a priori*, posséder les introductions en *dire que*. On a l'impression que, pour paraphraser les formes en *selon A*, il faudrait user de verbes d'opinion du type *prétendre, affirmer, s'imaginer que*, c'est-à-dire introduire une pesée critique plus forte. L'attribution des formes en *selon A* et apparentées dépasse la classique trilogie du discours rapporté. Elle permet de varier le rendu du discours dans sa dimension matérielle (l'écoute, la vue), dans son rapport citant / cité (emplois des termes *avis, propos, dire*, etc.). Elles représentent un degré supplémentaire dans le rapport citant / cité qu'amorçait l'effet de sens produit par le « conditionnel du on-dit » et les formes apparentées (citées ci-dessus), avec lesquelles elles sont par ailleurs combinables. La pesée critique sous-jacente (le *prétendre*) à toutes ces formes révèle une mise en doute, une certaine suspicion, voire une intention polémique, jetée sur les discours rapportés, qui disparaît parfois au profit d'une valeur testimoniale (et on peut bien entendu superposer les deux effets).

Nous arrivons alors aux formes canoniques du discours rapporté. Les traitements des discours directs et indirects tendent soit à les cloisonner comme deux formes spécifiques, contre la suprématie de l'indirect prônée *de facto* par les grammaires classiques ; soit à les dériver l'une de l'autre, au mépris de la réalité des faits linguistiques. Dans un cas comme dans l'autre, les formes mixtes sont négligées au profit de modèles descriptifs et théoriques forts. La question *qu'est-ce qu'une forme mixte ?* oblige préalablement à définir ce qu'est le discours direct et ce qu'est le discours indirect. Les descriptions des deux types de discours correspondent à la fois à l'image grammaticale que le locuteur possède inconsciemment de ces discours et à un relevé des pratiques en la matière.

Du point de vue sémantique, le DD est fidèle, textuel et le DI est infidèle, non textuel, voire faux. L'analyse morpho-syntaxique corrobore ce point de vue : le DD est la juxtaposition de deux énonciations alors que le DI est un enchâssement réduisant les deux énonciations à une seule. En effet, le DI « traduit » l'énonciation qu'il rapporte c'est-à-dire qu'il opère une transposition des temps, des personnes et des déictiques. Enfin, en DD, la typographie vient souligner le sémantique (présence de guillemets) et le syntaxique (les deux points).

Une forme mixte emprunte à l'un ou à l'autre discours des marqueurs qui lui sont spécifiques et/ou des effets de sens particuliers. Si l'histoire des pratiques a mis en évidence des DI avec guillemets, des DD avec *que,* la recherche linguistique contemporaine les néglige généralement. La frontière irréductible regarde l'énonciation : la présence indéniable des personnes locutives en discours cité – usitées dans leur versant locutif – est la marque du DD.

En confrontant les diverses propositions qui visent soit à asserter l'existence de formes mixtes (la représentante en est Gaulmyn) soit à opposer irrémédiablement DD et DI (nous en voyons un exemple avec la présentation d'une typologie de verbes introducteurs du DD), nous montrons la nécessité de prendre en compte une série de formes hybrides que la description linguistique ne peut continuer d'ignorer. Notre perspective privilégie le versant réductible de l'opposition DD / DI, sans toutefois forcer la réalité des faits : l'usage des discours rapportés dans les romans et journaux dépouillés illustre une tendance significative à empiéter sur le terrain de l'autre, ce qui ne veut pas dire que la distinction DD / DI ne soit plus opératoire. Simplement, elle fonctionne à un niveau de représentation idéologique des formes grammaticales, où le DD continue d'apparaître comme la forme de l'actualisation de l'énonciation (vraie) alors que le DI est invariablement lié à l'idée de transposition, donc dans une certaine mesure, à une énonciation faussée.

Les frontières entre DD et DI existent, ce serait nier la réalité linguistique que de ne pas le reconnaître. Cependant, un grand nombre de discours cités indifférencie l'opposition DD / DI. Les critères syntactico-typographiques sont baladeurs, comme nous l'avons montré, ce qui nous a permis d'attirer l'attention sur le caractère multiforme des discours direct et indirect et sur la nécessité de reconnaître un statut grammatical au discours direct avec *que*, aux discours indirects marqués typographiquement et autres formes mixtes mises en évidence précédemment. La contextualisation des discours rapportés les mêle d'office en les confrontant : le passage de l'un à l'autre, en heurt ou en douceur, donne lieu à des formes qui mélangent à l'envi les critères distinctifs. Mais il semble que la tendance dégagée de nos observations tire les discours vers le discours direct, modèle-étalon d'une parole vraie restituée dans toute sa matérialité, qui échappe à – voire annule – l'emprise homogénéisante du discours citant.

Le partage entre discours direct et discours indirect a une fonction sociale regardant à la fois la propriété et l'authenticité des paroles et des écrits. Pour traduire et perpétuer ces valeurs morales, on crée, en fonction des besoins expressifs, des formes nouvelles à partir du connu : c'est ce qu'illustrent parfaitement le discours direct avec *que* (où le subordonnant a perdu son pouvoir homogénéisant) et les formes infinitives connexes, les discours indirects avec marques typographiques, notamment dans la presse contemporaine (conclusions valant au-delà des barrières de langue puisque Bruña-Cuevas (1993) aboutit aux mêmes conclusions lorsqu'il analyse les journaux espagnols). Le déplacement des critères traditionnellement dévolus à l'un ou l'autre des discours s'apparente toujours à un déplacement des effets liés aux modes d'énonciation direct et indirect. Le DD continue de véhiculer l'image d'un discours fidèle car non transposé, soucieux de rendre la matérialité de la parole.

Nous avons tenté de montrer que les formes mixtes constituent une pratique spécifique qui vise à résoudre l'opposition DD / DI au profit du DD. Bien qu'il puisse être plus ou moins fidèle, plus ou moins littéral, plus ou moins vrai ou faux, le DD apparaît comme le discours rapporté vers lequel doit tendre l'indirect pour « faire vrai ». En ce sens, les formes canoniques DD / DI ont tendance à fusionner au profit de l'idéologie prégnante d'une parole restituée dans son énonciation directe.

Le *continuum*, quelque peu canalisé par les critères baladeurs utilisés, s'oriente du DI vers le DD : en effet, les guillemets et, plus largement, les marques typographiques, tirent le DI vers l'effet de fidélité attaché au DD, ce qui se traduit souvent par un basculement énonciatif vers le direct. Quant au *que*, il devient un simple ostenseur des plans d'énonciation et du rapport entre un dire et un dit. Il garde cependant sa valeur de suspenseur de vérité. Dire l'autre fidèlement (par l'usage des guillemets) et reconnaître le travail citationnel (par la présence du *que*) sont deux avantages qu'illustre parfaitement la presse contemporaine par son abondance d'emplois de formes mixtes.

En nous acheminant progressivement vers une réduction des frontières entre DD et DI (notamment en étudiant la place respective de l'incise dans l'un et l'autre type de discours) au profit de l'actualisation de l'énonciation, nous avons touché au cœur de la notion de liberté qui sert à définir le DIL. Cette liberté relative concerne au premier chef la subordination et se répercute sur l'ambiguïté énonciative, qui en est la caractéristique reconnue : on ne sait pas qui parle parce que la syntaxe ne nous permet pas de façon claire d'attribuer le dit.

En partant de l'idée qu'il existe un discours direct canonique, décrit dans les grammaires et symbolisé par une séquence surmarquée en *dire* : « ... », c'est-à-dire par un élément syntaxique et un marquage typographique double, nous avons progressivement montré la diversité formelle des discours directs, à partir du schéma classique. Cette diversité joue tantôt sur la multiplication des signaux, tantôt sur leur absence. Dans le premier cas, ces discours directs sont hybrides, multiformes et résultent de combinatoires nombreuses mais pas infinies : en effet, s'il apparaît nécessaire de compléter les exemples donnés par les grammaires pour ne pas être à côté de la réalité des pratiques, il faut se rendre compte que les combinaisons peuvent parfaitement être répertoriées, de façon *plus ou moins* exhaustive (ce qui ne signifie évidemment pas définitive). Dans le second cas, l'assertion d'un discours direct *libre* et, par ricochets, la prise en compte de l'absence signifiante du marquage typographique, inscrit précisément cette forme dans l'histoire des pratiques. Ce sont des cas comme :

> Jonghens était confus, mais il ignorait, *nous connaissons si mal la géographie en France* (Aragon, *Les cloches de Bâle* : 45; les italiques sont de nous)
> Elle s'était levée, *oh descends, c'est qu'il me fait mal avec ses pattes, il me griffe, ses ongles sont durs*, ça aussi c'est la vieillesse (Danièle Sallenave, *Un printemps froid* : 15; les italiques sont de nous).

Lorsqu'on se situe sur un plan textuel, l'absence de marques est relative : le passage au crible du contexte montre l'insertion progressive de discours censés apparaître inopinément, spontanément, sans crier gare. Le discours direct est libre parce qu'il n'est pas introduit par un verbe, ni marqué typographiquement, mais il est contextuellement signalé. Les alternances de plans d'énonciation (temps, personnes, deixis) inscrivent linguistiquement les discours directs libres dans le corps du texte. Parfois, cependant, son apparition demande davantage de travail interprétatif de la part du lecteur pour déterminer qui parle dans cette séquence. L'usage privilégié du discours direct libre pour faire surgir des discours clichés, *à tous et à personne*, favorise en quelque sorte la reconnaissance de segments apparemment non attribués, en fait attribués à tout un chacun. La tendance à l'actualisation décrite précédemment apparaît également comme historiquement marquée par l'usage d'un présent narratif dans les romans du XXème siècle : en effet, on peut affirmer que le discours direct libre est une forme linguistique dans les romans inaugurant un nouveau mode narratif par rapport à la narration du XIXème à la Flaubert. Les auteurs des années trente marqués par le surréalisme de près ou de loin, qu'il s'agisse de Céline ou d'Aragon, travestissent l'imparfait au détriment du passé simple et se servent du présent pour créer des îlots énonciatifs particuliers dans leurs textes. On quitte une narration dominée par le couple imparfait / passé simple et la troisième personne par l'usage d'un discours direct libre combinant temps présent et personnes allocutives. L'évolution d'une prose au présent rend caduque l'usage spécifique du présent au profit de la personne. Parallèlement, une réflexion générale des écrivains sur les lieux communs (inaugurée par Flaubert, poursuivie par les surréalistes, les nouveaux romanciers, mais également par une littérature « féminine », de Colette à Annie Ernaux et Marie Rouanet en passant par Marguerite Duras et Nathalie Sarraute bien sûr) favorise l'intrusion de discours directs libres pour montrer précisément que l'on peut parsemer un texte de phrases ou expressions clichées parce qu'elles sont familières au lecteur et qu'il peut donc sans problème les interpréter. Lorsque les marqueurs linguistiques s'amenuisent, on aboutit peu à peu à devoir compter sur l'extra-linguistique (la connaissance du monde) pour identifier des séquences « rapportées ».

Conclusion

Partant des formes grammaticalisées du report du dit, nous avons travaillé sur la constitution du couple DD et DI et la signification sémantico-pragmatique qu'elles relayaient. Tout en les opposant sur le plan de la signification idéologique comme respectivement discours du vrai et discours du faux, nous les avons rapprochées sur le plan linguistique, essentiellement syntaxique (DD avec *que*, incise de DR) et typographique (guillemets baladeurs). Nous avons mis en avant la nécessité d'intégrer, tant en théorie qu'en pratique, la mixité des formes.

La définition du discours rapporté selon un principe sémantique de rapport entre soi et l'autre a trouvé sa traduction linguistique dans la personne grammaticale, symbole du passage énonciatif du dire l'autre vers le dire soi. Intégrée dans un *continuum*, l'énonciation personnelle est le garant de l'opposition entre le discours direct et le discours indirect. Dépassant le cadre syntaxique de la phrase, les formes du discours rapporté s'enrichissent de leurs homologues libres, discours indirect libre (DIL) et discours direct libre (DDL), ainsi que d'expressions lexicalisées mettant en avant la mise à distance et la prise en charge de l'énonciation d'autrui, aussi bien que la pesée critique exercée par le discours rapportant : conditionnel du [on dit], formes en [il paraît que] et apparentées, formes en [selon A] et apparentées.

Le mouvement du *continuum* finit là où la parole de l'autre n'est plus signalée comme telle, où le *je* devient sujet de son discours, s'étant approprié l'autre. Dès lors notre réflexion porte en filigrane sur les lieux communs du discours, entendus comme lieux de retrouvailles de soi et des autres, bref comme un discours commun à tous et à personne, lequel s'explique par un investissement énonciatif de la parole de l'autre qu'on reconnaît comme sienne.

Mêler constamment l'histoire, les théories et les pratiques a montré les angles d'attaque multiples et les facettes renouvelées d'un phénomène linguistique qui a fait couler beaucoup d'encre et qui, nous l'espérons, continuera de hanter l'imaginaire des travailleurs de la langue. Entre « rapporter » et construire idéalement, fictivement, le discours de l'autre, nous voudrions que cette étude soit le premier pas d'un travail plus vaste sur les mécanismes de citation et les formations discursives dans lesquels ils s'effectuent. Déjà, nous pensons avoir posé quelques jalons à travers le corpus de presse, surtout féminine, et l'analyse de vastes pans de la littérature contemporaine dans son rapport aux stéréotypes sociaux et langagiers, dits et redits éternels.

Rapporter un discours, dans la perspective que nous avons esquissée, détermine un rapport dialectique à l'autre. Un double mouvement de mise à distance et d'appropriation active se cristallise dans l'*attribution du dit* par la mention effective du sujet de discours, quelle que soit le poids de la pesée critique du rapporteur.

En traitant d'un couple grammatical aux apparence inoffensives, nous avons voulu montrer comment des formes deviennent dogmatiques et idéologiques. D'abord parce qu'elles symbolisent une série d'oppositions binaires à l'œuvre dans le discours social, à commencer par le couple vrai / faux. Ensuite parce qu'elles conditionnent notre pratique des phénomènes de discours rapporté – nos énonciations, perceptions, réceptions. Enfin parce qu'elles rendent *imaginables* la convocation, l'appréhension et la compréhension des paroles d'autrui.

Références

Authier, J. (1982). Hétérogénéité montrée et hétérogénéité constitutive : éléments pour une approche de l'autre dans le discours, *DRLAV* 26 : 91-151.

Authier, J. (1995). *Ces mots qui ne vont pas de soi*, Paris : Larousse, 2 volumes.

Bakhtine, M. (1977). *Le marxisme et la philosophie du langage*, Paris : Minuit.

Bruña-Cuevas, M. (1993). Le discours indirect introduit par « que », *Le français moderne* 54.1 : 28-59.

Charolles, M. (1987). Prises en charge en « selon A », in : *Pensée naturelle, logique et langage. Hommages à J. B. Grize*, Université de Neuchâtel, 243-267.

Ducrot, O. (1984). *Le dire et le dit*, Paris : Minuit.

Gaulmyn, M.-M. de (1983). *Les verbes de communication dans la structuration du discours. Essai sur la réflexivité du langage. Récits d'enfants et échanges entre enfants et adultes*, thèse d'état, Paris VIII.

Gaulmyn, M.-M. de (1989). Grammaire du français parlé. Quelques questions autour du discours rapporté, in : *Grammaire et français langue étrangère, actes du colloque ANFLE*, Grenoble, 22-33.

Grevisse, M. ; Goose, A. (1993 [13]). *Le Bon Usage*, Paris / Louvain-la-Neuve : Duculot.

Peytard, J. (éd.), (1993). Les manifestations du « discours relaté » oral et écrit, *Cahiers du CRELEF* 35, Paris : CRELEF.

Wilmet, M. (1997). *Grammaire critique du français*, Paris, Louvain-la-Neuve : Hachette / Duculot.

Les faits d'hétérogénéité énonciative
dans les textes grecs et latins de l'Antiquité

Michèle BIRAUD
Université de Nice-Sophia Antipolis – UPRESA « Bases, Corpus et Langage »

Sylvie MELLET
C.N.R.S. – UPRESA « Bases, Corpus et Langage »

On a beaucoup dit que le discours indirect libre (D.I.L.) appartenait à la littérature moderne, qu'il en était l'un des indices stylistiques marquants. La thèse a été battue en brèche par plusieurs spécialistes de la langue et de la littérature françaises anciennes [1]. Par ailleurs, au début des années 30, J. Bayet (1931 et 1932) reconnaissait déjà l'existence du style indirect libre dans les textes latins ; nous avons pour notre part donné dans un précédent article quelques arguments supplémentaires en faveur de cette reconnaissance (S. Mellet : 1998).

Nous voudrions ici élargir cette enquête en répertoriant, en grec ancien et en latin, l'ensemble des faits d'hétérogénéité énonciative où il y a mise en rapport d'un discours citant (celui du locuteur) avec un discours cité (celui d'un énonciateur) repris littéralement ou en substance, et où le discours citant environne le discours cité sans que ce dernier soit ni enchâssé ni introduit, fût-ce par un verbe déclaratif en incise ; seul le contexte large suggère plus ou moins implicitement la modalité du discours cité et permet d'identifier le sujet énonciateur premier. Cette définition couvre le champ du bivocalisme, depuis le simple fragment cité en mention jusqu'au discours indirect libre, en passant par l'îlot textuel [2] et la reprise en écho.

Dans les textes de l'Antiquité, cette hétérogénéité énonciative correspond à **plusieurs projets énonciatifs du locuteur du discours citant :**
1 - reprendre des mots d'un interlocuteur, dans une situation de dialogue réel, pour des raisons diverses (contestation de l'usage d'un terme, d'un acte illocutoire, du contenu d'un propos, d'un jugement axiologique) ;

[1.] Voir par exemple Bernard Cerquiglini (1984), Sophie Marnette (1996) ou Michèle Perret (1997).

[2.] J. Authier (1995) distingue la *mention* de l'*îlot textuel* sur la base suivante : le statut autonymique de l'élément en mention lui permet de fonctionner comme élément nominal dans toutes les positions syntaxiques du nom ; il est donc recatégorisé et cette activité méta-linguistique est perçue comme rupture syntactico-énonciative affichée, alors que l'îlot textuel conserve, lui, son fonctionnement normal sur le plan fonctionnel et catégoriel et maintient la régularité syntaxique de son contexte phrastique.

2 -   supposer l'intervention, en irruption dans son propre discours, d'un
       discours d'objection d'un autre énonciateur ; la situation énonciative est
       alors une sorte de dialogue fictif ;
3 -   relater des propos, réels ou inventés, d'un autre énonciateur, dans une
       situation où l'on rapporte des échanges discursifs tenus dans le passé.

On voit donc pointer d'ores et déjà les difficultés à établir les limites du
phénomène : on tentera donc, à travers un inventaire ordonné des faits fournis
par les textes, d'analyser leurs points communs et leurs différences, prouvant
ainsi au passage que les textes de l'Antiquité sont à ce titre aussi riches que ceux
de la littérature moderne ; on essaiera de cerner le rôle de quelques marqueurs
décisifs dans le repérage énonciatif et la délimitation des propos cités ; enfin, on
confrontera notre perception moderne des faits aux analyses des Anciens qui les
appréhendaient avant tout dans le cadre de la rhétorique [3].

1. La reprise en écho

Ici la situation est dialogale : le locuteur a été surpris par l'intervention de
l'interlocuteur ou d'une tierce personne, il en reprend des mots immédiatement
après (ou peu après) qu'ils ont été prononcés. Une variante de cette situation est
la réaction à la lecture d'une lettre, dont certaines expressions sont reprises [4]. Il
s'agit donc le plus souvent de fragments de propositions, de syntagmes ou
même de simples mots répétés soit en mention, soit sous forme d'îlot textuel,
mais, dans tous les cas, insérés dans une assertion prise en charge par le
locuteur. Il y a donc superposition de deux énonciations et le locuteur réalise par
là-même une sorte de mise à distance de l'énonciation d'autrui : le phénomène
d'écho, avec son intonation et la modalisation qu'elle véhicule, souligne en effet
que le locuteur n'aurait pas, pour sa part, spontanément employé l'expression
qu'il reprend ; les exploitations pragmatiques peuvent être diverses, mais la
distance entre les deux énonciateurs est toujours soulignée [5].

1.1. La reprise par contestation du choix d'un terme

Le locuteur reprend un mot, ou une expression plus étendue, de son
interlocuteur parce qu'il les trouve impropres. Jeu, marivaudage, duel verbal.
       On trouve ici des cas de reprise autonymique en mention, avec
nominalisation évidente de l'élément repris ; ainsi, dans un des *Dialogues des
Courtisanes* de Lucien (10, 4), il est raconté que Clinias a écrit une lettre de

---

[3].   Michèle Biraud remercie Anne-Marie Chanet de lui avoir montré l'intérêt de cette
        recherche en lui signalant quatre des textes cités dans cet article.
[4].   On peut considérer qu'une lettre et sa réponse constituent un échange, même si les
        deux interventions qui le composent sont séparées dans l'espace et le temps.
[5].   C'est ce que Ch. Bally appelle la « reproduction appréciée » (1930 : 334).

rupture à son amie, mais l'a achevée par « souviens-toi de Clinias » ; la jeune femme et une amie commentent cette lettre en se demandant si la rupture est définitive :

(1)   τὸ δὲ μέμνησο Κλεινίου ἔχει τινὰ ὑπόλοιπον ἐλπίδα
        Le *souviens-toi de Clinias* laisse subsister quelque espoir.

On peut aussi citer cet échange d'un couple au moment de se séparer :

(2)   [Jupiter] *(...) redibo* **actutum**
        [Alcmène] **Id actutum** *diu est* (Plaute, *Amphitryon* 530)
        Je reviendrai bientôt. - Ce bientôt est bien long.

et cette dispute d'un autre couple :

(3)   [Phronésie] *Quid agitur,* **uoluptas** *mea ?*
        [Diniarque] *Non* **uoluptas***, aufer nugas.* (Plaute, *Truculentus*, 860)
        - Comment vas-tu, mon bonheur ? - Pas de bonheur ! Trêve de sottises !

Plus largement, on observe des îlots textuels dans lesquels s'exprime plus ou moins discrètement une distanciation ironique du locuteur ; ainsi en va-t-il de ce passage du *Soldat fanfaron* de Plaute, où le parasite Artotrogus flatte le soldat :

(4)   [Artotrogus] *Memini ; nempe illum dicis cum armis aureis*
        Cuius tu legiones difflauisti spiritu (...)
        [Pyrgopolinice] **Istuc quidem edepol nil est.**
        [Artotrogus] **Nil hercle hoc quidemst**
        Praeut alia dicam ... (Plaute, *Miles Gloriosus*, 16-20)
        Je m'en souviens ; tu veux parler de ce guerrier aux armes d'or dont tu dispersas d'un souffle les légions (...). - Peuh ! cela n'est rien. - Cela n'est rien bien sûr au regard de toutes tes autres prouesses [6].

        La reprise en écho se prête à tous les jeux de mots et à toutes les moqueries ; elle est donc surexploitée dans la comédie, notamment chez Plaute dont on citera encore les passages suivants extraits du célèbre dialogue entre Mercure et Sosie qui conduit l'esclave à douter de sa propre identité :

(5)   [Mercure] *Certe enim hic* **nescioquis** *loquitur.*
        [Sosie] *Saluus sum, non me uidet.*
        Nescioquem *loqui autumat ; mihi certo nomen Sosiaest.* (*Amphitryon* 331-2)

---

6.   Dans cet exemple, la reprise offre quelques variantes, dues notamment à la différence d'ancrage énonciatif (passage de *istuc* « ce que tu dis, l'exploit que tu as rappelé » à *hoc* « ce que je dis, l'exploit que j'ai rappelé ») et à une thématisation différente des énoncés qui modifie l'ordre des mots (litt. : ceci assurément par Pollux rien n'est *vs.* rien par Hercule ceci assurément n'est).

A coup sûr j'entends ici parler je ne sais qui. - Je suis sauvé ; il ne me voit pas.
Il dit qu'il a entendu parler 'je ne sais qui' ; or mon nom assurément est Sosie.

Notons ici la double tension à laquelle est soumis le pronom indéfini : son intégration syntaxique est assurée par le passage du nominatif (première occurrence) à l'accusatif (deuxième occurrence), mais la fin de la réplique impose une interprétation en mention autonymique, donnant à ce pronom le statut de nom propre (comme pour le pronom *personne* dans le fameux dialogue d'Ulysse et du Cyclope). Nous pensons que Sosie n'est pas dupe de son jeu de mots et que sa remarque n'est pas exempte de dérision ironique vis-à-vis de sa propre situation.

(6)   [Sosie] *Ita* **profecto**.
        [Mercure] *Nunc* **profecto** *uapula ob mendacium.*
        [So.] *Non edepol uolo* **profecto**.
        [Me.] *At pol* **profecto** *ingratiis ;*
        *Hoc quidem '*profecto*' certum est, non est arbitrarium* (*Amphitryon* 370-2)
        C'est vrai, *assurément*. - Maintenant *assurément* tu vas être rossé pour ton mensonge. - Par Hercule je ne le veux pas, *assurément*. - Mais, par Hercule, *assurément*, tu le seras ; et voilà un '*assurément*' qui est sûr, qui ne se laisse pas contester.

Dans ce passage se succèdent les îlots textuels où *profecto* joue son rôle syntaxique habituel et une reprise en mention avec nominalisation de l'adverbe dans le dernier vers.

1.2. La reprise par contestation d'un acte illocutoire de l'interlocuteur

Le locuteur a été surpris par la question, l'ordre, ou l'assertion de son allocutaire, et réagit en reprenant, au début de sa propre intervention, le terme support de cet acte illocutoire.

1.2.1. Lors de la **reprise d'une question**, le locuteur reprend le terme introducteur pour manifester sa surprise qu'on lui pose une telle question :

(7)   [Démos] Πῶϛ δὴ τριήρηϛ ἐστὶ κυναλώπηξ ;
        [le charcutier] Ὅπωϛ; ὅτι ἡ τριήρηϛ τ' ἐστὶ χὠ κύων ταχύ. (Aristophane, *Cavaliers* 1073)
        - *Comment* donc une trière est-elle un chien-renard ? – *Comment ?* parce que la trière est, comme le chien, une chose rapide.

et parfois l'ensemble de la question, avec simple inversion des personnes, comme dans cette dispute du *Poenulus* de Plaute (353) :

(8)   [Ag.] - *Cur mi haec irata est ?*
           [Mi.] - *Cur haec irata est tibi ?* [7]
           - Pourquoi est-elle fâchée contre moi ? - Pourquoi elle est fâchée contre toi ?

Le terme interrogatif repris l'est, en français, sans son intonation interrogative, mais avec une modulation particulière, proche de celle de certains énoncés exclamatifs (avec nuance d'indignation le plus souvent).

Parfois la reformulation est accompagnée de la mention qu'il s'agit bien de la reprise d'une question de l'interlocuteur :

(9)   [Eutychus] *Quid ego facerem ?*
           [Charinus] *Quid tu faceres* ? **men rogas** ? *Requireres* (Plaute, *Mercator* 633) [8]
           Que devais-je faire ? - Ce que tu devais faire ? *Tu me le demandes ?* Il fallait faire des recherches (…).

En grec, la différence morphologique entre l'interrogatif direct (Τίς; Qui ?, Πῶς; Comment ?, Ποῦ; Où ?) et l'interrogatif indirect (Ὅστις; Qui ?, Ὅπως; Comment ?, Ὅπου; Où ?) permet une distinction intéressante entre répétition et reformulation. La question du premier locuteur comporte l'interrogatif direct ; la reprise est le plus souvent faite par l'interrogatif indirect [9], qui semble

---

7.   Ce type de reprise (qui a aussi parfois pour fonction de donner au locuteur le temps de formuler sa réponse – cf. les interviews des hommes politiques) est assez courant dans les textes anciens, suffisamment en tous cas pour que certains philologues y aient puisé un argumentaire étymologique. C'est ainsi en effet qu'on explique l'origine de la conjonction causale *quia* « parce que », formée très probablement sur le thème d'interrogatif indo-européen *k^wi- et qui a encore en latin quelques traces d'emploi interrogatif dans des expressions archaïsantes (cf. par exemple Virgile, *Enéide* X, 6 : *Caelicolae magni,* **quia** *nam sententia uobis / uersa retro* (…) *?* : « Nobles habitants du ciel, **pourquoi** donc ce changement de vos résolutions, ce retour en arrière (…) ? ») ; en outre *quia* est la conjonction causale privilégiée pour introduire une réponse à une demande d'explication. C'est pourquoi le grammairien allemand Szantyr suggère que *quia*, originellement, ait pu reprendre la question de l'interlocuteur sous forme de question à soi-même (*Selbstfrage*), cette reprise en écho étant immédiatement suivie de la réponse, paratactique. Puis une modification dans la segmentation et l'intonation de l'énoncé aurait transformé l'interrogatif *quia* en véritable conjonction de subordination.

8.   Ce type d'énoncé constitue une étape intermédiaire entre la reprise en écho et la subordonnée interrogative indirecte au subjonctif dépendant d'un verbe de demande hiérarchiquement dominant mais postposé, comme au vers 65 des *Bacchides* de Plaute : - *Quid ab hoc metuis* ? - *Quid ego* **metuam** [subjonctif de subordination] *rogitas* ? (- Que crains-tu de sa part à elle ? - Ce que je crains, tu me le demandes ?), ou au vers 1025 de l'*Amphitryon* : - *Quid nunc uis* ? - *Sceleste, at etiam quid* **uelim** [subjonctif], *id tu me rogas* ? (- Que veux-tu maintenant ? — Crapule ! mais vraiment, ce que je veux, tu me le demandes ?).

9.   Ainsi en Aristophane, *Cavaliers*, 128, 1073, *Nuées*, 677, 689, *Guêpes*, 48, *Thesmophories*, 203, *Ploutos*, 139, Ménandre, *Dyscolos*, 625. Même type de reprise avec - Ποῦ; -

la trace d'une ellipse de proposition dominante, comme si le second locuteur avait dit « Tu oses demander qui / comment / où ? » ; dans ce cas de reformulation, le discours rapporté s'affiche comme indirect, et quasi subordonné. En revanche, lorsque la reprise est faite par l'interrogatif direct [10], l'écho est parfait.

1.2.2. Lorsqu'un premier locuteur donne **un ordre** à un interlocuteur et que celui-ci le lui retourne en miroir (avec inversion des indices de personne), c'est que le destinataire de l'ordre conteste soit le contenu de celui-ci, soit même le droit du premier locuteur à lui donner cet ordre.

(10)   [Dionysos] ... ἀποπρίω [impératif aoriste] τὴν λήκυθον ...
         [Euripide] Τὸ τί; Ἐγὼ πρίωμαι [subjonctif présent] τῷδε;
         (Aristophane, *Grenouilles* 1228)
         - Achète la fiole. – Hein ! Moi, que je la lui achète ? [11]

(11)   [Sicon] Μὴ κάθευδε [impératif présent].
         [Cnemon] Μὴ γάρ. (Ménandre, *Dyscolos* 941)
         - Ne dors pas ! - Ne pas ? [ellipse du verbe]

(12)   - Ferme-lui la porte (ἀπόκλεισον [impératif aoriste]) une fois ou deux. - Mais ne dis pas çà ! Arrête ! Moi, que je ferme ma porte à Lysias ? (ou : je fermerai ma porte à Lysias ? ἀποκλείσω Λυσίαν; [subjonctif aoriste ou indicatif futur]). Pourvu qu'il ne m'abandonne pas le premier ! (Lucien, *Dialogues des Courtisanes* 12, 2)

(13)   [Phormion] Ne règle pas (*ne agas* [subjonctif de défense]), comme on dit, ce qui est réglé.
         [Demiphon] Que je ne règle pas ... ? (*Non agam ?*) Au contraire, je n'aurai de cesse que je ne vienne à bout de cette affaire. (Térence, *Phormion* 419-420).

(14)   [Hegion] *Ne fle* [impératif présent].
         [Ergasile] *Egone illum non fleam ?* [subjonctif présent]
         - Ne pleure pas. - Que moi je ne le pleure pas ? (Plaute, *Captiui* 139)

(15)   [Eutychus] *Paulisper mane* [impératif présent]
         [Charinus] *Quid ? manebo ?* [indicatif futur] (Plaute, *Mercator* 915-6)
         - Attends un peu. - Comment ? j'attendrai ?

(16)   [Lysimaque] *Abi.* [impératif présent]
         [Le cuisinier] *Quid, abeam ?* [subjonctif présent]
         [Ly.] *St, abi.*
         [Le cuisinier] *Abeam ?*
         [Ly.] *Abei.* (Plaute, *Mercator* 749).

Ὅπου; en Aristophane, *Nuées*, 214, *Lysistrata*, 910, *Thesmophories*, 96. Même type de reprise avec - Τίς; - Ὅστις; en *Grenouilles*, 198, *Oiseaux*, 299.

10.   Ainsi en Aristophane, *Nuées*, 663-664, *Assemblée*, 761. Même type de reprise avec - Ποῦ; - Ποῦ; en Ménandre, *Dyscolos*, 634. Même type de reprise avec - Τίς; - Τίς; en *Grenouilles*, 1424.

11.   Même chose en *Grenouilles*, 1132-1134 (- Παραινῶ σοι σιωπᾶν. – Ἐγὼ σιωπῶ τῷδε; - Je te conseille de te taire. - Moi, me taire ?), *Lysistrata*, 530 (- Σιώπα. – Σοί ... σιωπῶ 'γώ; -Tais-toi. - Que je me taise ?).

- Va-t-en. - Comment ! Que je m'en aille ? - Chut ! Va-t-en. - M'en aller ? - Oui.

Le locuteur met en question la pertinence de la valeur illocutoire de l'ordre donné, que celui-ci ait été formulé au moyen d'un subjonctif ou d'un impératif, voire d'un futur. La reprise se fait en général au subjonctif [12], parfois au futur de l'indicatif. L'emploi du subjonctif constitue alors un reflet de l'acte illocutoire premier auquel vient se superposer une intonation de rejet, d'indignation, de surprise, etc., cas typique de bivocalisme.

Quelle est la valeur du subjonctif grec ou latin dans cette reprise en écho ? On peut voir là une exploitation pragmatique de la valeur propre du subjonctif, qui exprime fondamentalement une visée du sujet énonciateur – ou, en d'autres termes, un refus d'asserter, de valider la proposition. Dans le cas présent, le subjonctif permet de reprendre une proposition déjà exprimée et dont le premier locuteur souhaite la réalisation tout en signifiant *en même temps* que le destinataire de l'ordre a des réticences face à cette proposition et qu'elle pourrait donc ne pas se réaliser [13]. Le subjonctif maintient ainsi l'altérité inhérente à toute visée prospective.

1.2.3. Souvent c'est une assertion qui est reprise, comme dans les échanges suivants :

(17)   - C'est ainsi que j'aime (χαίρω) à faire.
            - Tu aimes (χαίρεις), je te prie ? (Aristophane, *Grenouilles* 745)
(18)   Ἀλλαντοπώλης ἔσθ' ὁ τοῦτον ἐξελῶν.
            – Ἀλλαντοπώλης ; Ὦ Πόσειδον, τῆς τέχνης.
            - C'est un marchand de boudin qui doit l'évincer.- Un marchand de boudin ? O Poséidon ! le beau métier ! (Aristophane, *Cavaliers* 143-144) [14]
(19)   [Acanthion] *Eloquar, quandoquidem me oras ; tuus pater …*
            [Charinus]   *Quid meus pater ?*
            [Ac.] *Tuam amicam …*
            [Ch.] *Quid eam ?*
            [Ac.] *Vidit.*
            [Ch.] *Vidit ? uae misero mihi !* (Plaute, *Mercator* 180-181)
            [Ac.] Hé bien, puisque tu m'en pries, je vais parler : ton père … - [Ch.] Eh bien ? mon père ? - [Ac.] Ta petite amie … - [Ch.] Quoi, mon amie ? - [Ac.] Il l'a vue. – [Ch.] Il l'a vue ? Ah ! malheur ! misère de moi !

---

[12]   État de la question dans l'article bibliographique de G. Calboli (1966). Il est probable que le subjonctif, en grec comme en latin, n'a pas de valeur propre d'indignation.
[13]   Voir S. Mellet, D. Joffre et G. Serbat (1994 : 173-185).
[14]   Même chose en Ménandre, *Dyscolos,* 141 (- Ἔκλεπτον ; - Moi, j'ai volé ?), *Arbitrants,* 324 Loeb (- Οὐ γὰρ οἶσθα σύ; - Car tu ne sais pas, toi ?), Lucien, *Prométhée,* §3, p. 244 Loeb (- Οὐδὲν δεινὸν εἰργάσω ; - Tu n'as fait aucun mal ?), *Dialogues des dieux* 6 (2), p. 262 Loeb VII (- Σὺ παιδίον ; -Toi, un enfant ?).

Le projet énonciatif est de manifester de la surprise (admirative, indignée, inquiète ou amusée) devant la teneur de l'énoncé asserté par l'allocutaire, d'où la ponctuation exclamative fréquente. Comme précédemment, la modalité assertive de l'énonciation primitive est recouverte par la modalité de surprise. Dans la reprise d'assertion, il arrive en outre souvent qu'en surimpression de cette modalité de surprise, il y ait un acte illocutoire indirect de demande d'explication (d'où la ponctuation interrogative non moins fréquente) ; ou alors c'est le ton de surprise incrédule qui produit un effet de question. Ainsi, lorsqu'Amphitryon, succédant sans le savoir à Jupiter, retrouve son épouse Alcmène, celle-ci, incapable de différencier les deux personnages, s'étonne du prompt retour de son mari :

(20)   [Alcmène] *Primulo* **diluculo abiisti** *ad legiones.*
        (...)
        [Amphitryon] (à Sosie) *Tace tu.* (à Alcmène*) Tu dic : egone abs te* **abii** *hinc hodie cum* **diluculo** *?* (Plaute, *Amphitryon* 737 et 743)
        [Alc.] Au petit jour, tu m'as quittée pour rejoindre les légions.(...) - [Am.] (à Sosie) Toi, tais-toi. (à Alcmène) Et toi, parle : ainsi moi, aujourd'hui, ici, je t'ai quittée au petit jour ?

Malgré la distance entre les deux répliques, le statut d'îlot textuel est ici évident.

La demande d'explication peut aussi se faire sous la forme d'une reprise en mention accompagnée d'une rupture syntaxique particulièrement hardie et qui a pourtant traversé des siècles de dialogue familier :

(21)   [Mercure*] Quid ad foris est ?* - [Amphitryon] **Ego sum.** - [Mercure] *Quid* **ego** *sum ?* (Plaute, *Amphitryon* 1021)
        - Qui est là ? - C'est moi. - Qui *moi* ?

Tous les exemples qui viennent d'être cités ont pour caractéristique très nette ce trait de *bivocalisme* qui contribue à définir (et à unifier) les diverses formes de discours indirect. En français, l'intonation joue un rôle fondamental dans la reconnaissance de ce bivocalisme et dans l'interprétation des changements de modalité qui l'accompagnent. On peut penser qu'il en allait de même en grec et en latin et, à défaut de preuves absolues [15], on peut en déceler des indices convaincants dans la présence de certains marqueurs qui soutiennent la reprise et en infléchissent la portée pragmatique : subjonctif marquant l'altérité énonciative et superposant l'indignation ou le doute à la mention de l'acte de parole premier ; particules énonciatives (-ne en latin, γάρ en grec : ex. 11 ou note 14) ; forte insistance sur l'inversion des personnes sujets (on aura remarqué la fréquence du pronom *ego* / ἐγώ dans les reprises [ex. 10, 14 ou note 11], pronom dont l'emploi, facultatif dans les deux langues, est fortement marqué).

[15.]   Rappelons que la ponctuation de ces textes est due aux éditeurs modernes.

1.3. La protase-écho

A côté de cette contestation du dire, des phénomènes d'écho peuvent servir à contester *le contenu* du propos. C'est en particulier le cas dans la protase-écho [16] où la reprise a une finalité polémique.

Une protase se prête à la reprise d'une assertion antérieure d'un allocutaire par le locuteur actuel. Celui-ci peut ne pas expliciter qu'il prend ses distances par rapport à cette assertion. Cette concession faite à l'opinion de l'autre, qui consiste à la mentionner, permet ensuite, dans l'apodose, de montrer le caractère scandaleux (22) ou inquiétant (23) de son point de vue :

(22) [Socrate vient d'expliquer qu'il a passé sa vie à enseigner que le principal souci de l'homme devait être celui de son âme] Εἰ μὲν οὖν ταῦτα λέγων διαφθείρω τοὺς νέους, ταῦτ᾽ ἂν εἴη βλαβερά (Platon, *Apologie* 30b)
Si c'est en disant cela que je corromps les jeunes gens, cet enseignement serait dommageable [= si c'est, comme vous le prétendez, en disant cela que je corromps...].

(23) *Si ille tali ingenio exitum non reperiebat, quis nunc reperiet (...)* ? (Cicéron, *Lettres à Atticus* 14, 1, 1)
Si lui, avec un tel talent, ne trouvait pas d'issue, qui pourra en trouver une ? [= s'il est vrai, comme tu le dis, qu'il ne trouvait pas ...]

ou de souligner la discordance entre les actes de quelqu'un et les intentions qu'on lui prête ou qu'il a lui-même affichées :

(24) *Si uolebas participari, auferres dimidium domum* (Plaute, *Truculentus* 748)
Si tu voulais avoir ta part, il fallait en emporter la moitié chez toi [= s'il est vrai, comme tu le dis, que tu voulais ...]

(25) *Quod si meis incommodis laetabantur, urbis tamen periculo commouerentur* (Cicéron, *Pro Sestio* 54)
S'ils se réjouissaient de mes malheurs, ils auraient cependant dû être sensibles au danger [= s'il est vrai, comme tu le dis, qu'ils se réjouissaient de ...] [17].

Parfois la polyphonie ne s'étend qu'à une proposition dépendante au sein de la protase, mais cette subordonnée n'en est pas moins dans le champ de l'hypothèse, et reste de ce fait une assertion non assumée par le locuteur ; ainsi, un plaideur, s'adressant à ses juges, se fait l'écho de l'accusation de ses adversaires en ces termes :

(26) Ἐὰν γὰρ ἐξαπατηθῆτε ὑμεῖς πεισθέντες ὡς ἡ μήτηρ ἡμῶν οὐκ ἦν πολῖτις, οὐδ᾽ ἡμεῖς ἐσμεν (Isée, VIII, 43).

---

16. Il s'agit de protases à l'indicatif où *si* = « s'il est vrai que », et dans lesquelles on peut sous-entendre une incise « comme tu le dis ».

17. Les exemples latins proviennent de l'article de J.-P. Maurel (1979).

Car si ses mensonges vous amènent à croire que *notre mère n'était pas citoyenne* [comme ceux-ci le disent mensongèrement], nous non plus nous ne sommes pas citoyens.

1.4. Contestation d'un jugement de valeur

Lorsque le locuteur conteste un jugement de valeur de l'allocutaire, il peut en reprendre des mots choisis pour les intégrer dans son propre discours, où ils détonnent assez pour être compris comme une reprise ironique visant à ridiculiser le jugement porté par l'autre à l'aide de ces mots.

On rencontre avec cette valeur de nombreux exemples d'îlots textuels. Ainsi, dans l'un des *Dialogues des dieux* de Lucien (22, 1), Héra fait une scène à Zeus, en lui reprochant d'avoir en Dionysos un fils qui lui fait honte, un être femelle (θῆλυς), aux charmes trop alanguis (ἀβρότερος), porteur de turban (μίτρα). Zeus lui rétorque :

(27)   Οὗτος ὁ θηλυμίτρης, ὁ ἀβρότερος τῶν γυναικῶν ...
         Et cependant, ce porteur de turban féminin, cet être plus alangui que les
         femmes [a réalisé bien des exploits].

Parfois le locuteur n'emploie pas les mots mêmes que l'autre a prononcés, mais ceux qu'il aurait pu employer et qui synthétisent sa pensée ou son discours. Lorsque Xénophon répond à ses soldats qui l'accusent d'avoir mal mené les négociations avec le roi qui les emploie (dans la mesure où celui-ci, en les recrutant comme mercenaires, a certes assuré leur vie quotidienne, mais n'a pas versé la solde promise), il résume leurs reproches dans la formule finale de sa phrase (τοῦτο δὴ τὸ σχέτλιον πάθημα) sans peut-être reprendre les mots exacts de l'un d'eux, mais plutôt en traduisant ainsi la tonalité générale de leurs propos (*Anabase*, VII, 6, 30) [18] :

(28)   Si donc celui qui vous a ainsi assuré la sécurité ne vous l'a pas payée en outre,
         cette sécurité, d'une solde bien considérable, *c'est là assurément* (δὴ [19]) *le grand
         malheur* [ce que vous avez appelé un grand malheur, même si le mot malheur
         n'a pas été exactement prononcé].

De même, dans l'*Aulularia* de Plaute (172-4), un jeune homme s'adresse ainsi à sa sœur et anticipe l'objection qu'elle ne manquera pas de lui faire :

(29)   *Eius cupio filiam*
         Virginem mihi desponderi. Verba ne facias, soror.

---

18.   Ceci est un rappel de la situation exposée en VII, 3, 13.

19.   Cette particule δή sert souvent à marquer la conviction dans l'affirmation, ici avec ironie. Denniston (1959) a recensé de nombreux emplois ironiques (p. 229 *sq*), en particulier en reprise de termes employés par autrui (pp. 235-236).

Scio quid dictura es : hanc esse pauperem. **Haec pauper** *placet.*
C'est sa fille, une jeune fille que je voudrais épouser. Point de discours, ma
sœur, je sais ce que tu vas me dire : que cette fille est pauvre. Et bien, cette fille
pauvre me plaît.

Dans ce dernier exemple, la distance manifestée par la reprise en écho ne porte
pas sur le qualificatif lui-même (auquel le locuteur est bien obligé de souscrire),
mais sur ses connotations et sur les implications du discours que pourrait tenir
sa sœur.

Lucien nous en offre un autre exemple significatif dans le douzième
Dialogue des courtisanes : Joessa, chagrinée de ce que son amant soit absent, avait
demandé à son amie Pythias de rester près d'elle ; les deux femmes se sont
endormies sur le même lit ; l'amant les a surprises et, dans l'obscurité, a cru à la
présence d'un rival, mais il est reparti sans les réveiller. Le lendemain, alors que
les deux femmes sont encore ensemble, il accable Joessa de reproches. Celle-ci,
montrant son amie, lui répond (12, 5) :

(30) ἰδοὺ *τὸ μειράκιον ὁ μοιχὸς* ὃν ἐζηλοτύπεις
      Voici *le jeune homme, l'homme adultère* dont tu étais jaloux

alors que les mots μειράκιον et μοιχός n'ont pas été prononcés par son
amant.

Les reprises jusqu'ici examinées portaient généralement sur un terme ou
deux ; mais certaines reprises ont l'étendue d'une proposition complète, voire de
plusieurs phrases successives : on se rapproche donc du discours indirect libre à
strictement parler puisqu'on a affaire à la reprise d'un propos suivi tenu
antérieurement par l'énonciateur premier au locuteur ; ce discours est rapporté
de façon indirecte, avec homogénéisation des pronoms personnels du point de
vue du locuteur, sans être dépendant toutefois d'un verbe déclaratif signifiant
qu'il s'agit du discours d'autrui.

Un exemple latin peut être emprunté à l'*Asinaria* de Plaute : Déménète a
été surpris par sa femme aux pieds d'une jeune et jolie courtisane ; pour
aggraver son cas, il était en train de lui dire pis que pendre de sa femme. Celle-ci
intervient et ramène *manu militari* son mari à la maison :

(31) [Déménète] *Iam obsecro, uxor ...*
      [Artémone] *Nunc uxorem me esse meministi tuam ?*
      Modo, cum dicta in me ingerebas, **odium, non uxor eram** (926-7)
      - Assez, je t'en prie, ma femme ... - Ah ! maintenant tu te souviens que je suis
      ta femme ? Tantôt, quand tu me lançais des brocards, j'étais ton cauchemar, et
      non ta femme. (= tu disais que j'étais ton cauchemar).

La plus belle illustration est fournie par une lettre citée par Apulée dans
son *Apologie* (ch. 83). Apulée venait d'épouser une veuve qui avait des fils d'un
premier lit ; Apulée soutient que c'était l'aîné qui lui avait fait connaître sa mère

en songeant au remariage de celle-ci ; mais, plus tard, le jeune homme a écrit à sa mère pour lui reprocher de vouloir épouser Apulée ; la mère écrit ceci (en grec) en réponse à son fils [20] :

(32)   Mais maintenant que nos malveillants détracteurs s'occupent à te persuader, tout à coup *Apulée* est devenu [21] *sorcier, et moi j'ai été ensorcelée par lui, et je suis amoureuse* (αἰφνίδιον ἐγένετο ᾽Απολέιος μάγος καὶ ἐγὼ μεμάγευμαι ὑπ᾽αὐτοῦ καὶ ἐρῶ). Viens donc à moi pendant que j'ai encore ma raison.

Il est significatif que la lettre a été utilisée de façon tronquée par les ennemis d'Apulée (en ne reprenant précisément que la partie qui constitue un D.I.L., à partir de ᾽Απολέιος) comme si c'était un aveu [22] par l'épouse de l'emprise qu'Apulée aurait acquise sur elle (ch. 82) :

Apulée est sorcier, et moi j'ai été ensorcelée par lui, et je suis amoureuse. Viens donc à moi pendant que j'ai encore ma raison

alors que cette femme achève sa lettre par une affirmation claire (ch. 84) :

Quant à moi, je n'ai pas été ensorcelée, et je ne suis pas amoureuse

ce qui ne laisse aucun doute sur l'hétérogénéité énonciative et l'ironie de ses propos précédents. La locutrice feint donc d'énoncer assertivement les propos de l'allocutaire alors qu'elle veut les contester. Cette incohérence sémantico-logique peut être le seul indice du D.I.L. [23], mais cet exemple montre qu'une ironie sans marque n'est pas sans risque.

Qu'elle porte sur le choix d'un terme, sur le contenu d'un propos ou sur la pertinence même d'un acte illocutoire, la reprise en écho est toujours mise à distance : paradoxalement, la reprise exacte des termes employés par autrui souligne en effet le décalage, voire la contradiction entre deux univers de croyance. A la réception, cette contradiction ne peut être levée que si l'on peut

---

20.   Il faut savoir qu'il n'était pas convenable alors pour une femme de convenir qu'elle était amoureuse de son mari.

21.   Ce verbe (ἐγένετο) relève des propos de la locutrice, qui constate ainsi l'évolution du jugement de son fils sur Apulée, et n'était pas dans la lettre de l'énonciateur, qui contenait seulement l'expression des trois griefs. Le verbe *devenir* ne fait pas partie du jugement du jeune homme, il articule le rappel de deux jugements successifs (dont seul le second est ici mentionné explicitement). Sur de tels énoncés, voir M. Hirsch (1980 : 97) et M. Vuillaume, (1996 : 61-62).

22.   C'est cet aveu qui avait permis d'intenter à Apulée un procès pour magie.

23.   Contrairement à Ch. Bally, nous estimons que le D.I.L. n'est pas nécessairement objectif ou neutre, et qu'il est possible de greffer sur lui une intention ironique. Le bivocalisme permet à chaque voix de faire entendre son intonation propre.

identifier l'existence d'une reprise et comprendre, dans la reprise, une intention implicite de moquerie, de doute ou de contestation. Alors se trouve justifiée en contexte la surimpression de deux énonciations aux modalités différentes sur des termes identiques.

2. L'expression, dans un monologue, de paroles ou pensées prêtées à autrui

Le discours indirect libre n'est pas toujours un discours rapporté ; ce peut être aussi un discours supposé, un discours d'objection au locuteur, qui vient s'insérer dans le monologue de celui-ci pour créer un dialogue fictif.

2.1. Un procédé rhétorique

Ainsi, selon un procédé bien utilisé dès les premiers plaidoyers conservés, puis répertorié par les auteurs de traités de rhétorique, un orateur peut présenter un échange d'arguments contradictoires entre lui-même et un interlocuteur fictif [24] ; parfois le propos prêté à celui-ci expose par avance un argument de l'adversaire, ou un soupçon des juges ou des auditeurs, pour que l'orateur puisse le réfuter [25]. C'est un cas net d'hétérogénéité énonciative : le locuteur laisse la parole à un énonciateur pour formuler une objection à sa propre thèse, et la rejette par sa voix propre [26].

Avant d'en étudier les différentes réalisations, il convient de distinguer cette situation d'hétérogénéité énonciative d'avec l'*aitiologie* : celle-ci est un procédé souvent voisin dans sa forme (une suite de questions et de réponses [27]), mais qui rend la pensée du seul locuteur et ne fait pas de place à celle d'un autre

---

[24]   Les auteurs de traités de rhétorique de l'Antiquité avaient repéré et catalogué ce procédé antilogique ; selon Tiberios (« Au sujet des figures chez Démosthène », fig. 39, p. 77, 6, *Rhetores graeci*, éd L. Spengel, 1856, t. III), cette définition correspond à la figure de l'*hypophora*, appelée *subiectio* par les latins (*Rhétorique à Herennius*, IV, 33) ; les termes latin et grec équivalent à peu près à « supposition ».

[25]   Les éléments de cette définition sont ceux de la *prokatalèpsis* selon Anaximenès, Alexandros (fig. I, 6, p. 16, 10sq, *Rhetores graeci*, éd L. Spengel, 1856, t. III) et Phoibammon (fig. II, 2, p. 51, 10sq, *Rhetores graeci*, éd L. Spengel, 1856, t. III) ; cette figure est nommée *anteoccupatio* par les Latins.

[26]   Exception : en Xénophon, *Anabase*, V, 8, 43, où les suggestions successives ne sont pas rejetées explicitement, *mais par un silence méprisant.*

[27]   Cf. *Rhétorique à Herennius* IV, 23. L'aitiologie, en tant que « discours d'explication des causes », peut prendre aussi la forme d'un exposé monologal, du type « si nous voulons chercher la cause de x, nous dirons que... ». C'est ce genre d'énoncé qui est proposé par Rutilius Lupus (II, 19, p. 21, 10sq, n° 8) à la suite de son explication de l'*aitiologie*, avec un exemple tiré du discours *Sur la paix* d'Isocrate (§10).

énonciateur ; le locuteur se pose des questions et y répond afin de faire ainsi comprendre son point de vue plus clairement [28] :

(33)   ἄν τις ἐν ἄθλοις ἀποκτείνῃ τινὰ, τοῦτον ὥρισεν οὐκ ἀδικεῖν. διὰ τί ; οὐ τὸ συμβὰν ἐσκέψατο, ἀλλὰ τὴν τοῦ δεδρακότος διάνοιαν. ἔστι δ'αὕτη τίς ; ζῶντα νικῆσαι καὶ οὐκ ἀποκτεῖναι. (Démosthène, *Contre Aristocrate* 54) [29]
En cas de meurtre commis pendant les Jeux, il prononce qu'il n'y a pas de délit. Pourquoi ? Parce qu'il considère non le fait, mais l'intention. Quelle est-elle ? De vaincre un adversaire vivant et non pas de le tuer.

(34)   *Si quis furem occiderit, iniuria occiderit. Quam ob rem ? quia ius constitutum nullum est. Quid si se telo defenderit ? Non iniuria. Quid ita ? Quia constitutum est* (Cicéron, *Pro Tullio*, 52) [30].
Si quelqu'un a tué un voleur, il l'a tué contrairement au droit. Pourquoi ? Parce qu'il n'y avait aucun droit constitué à ce sujet. Mais au cas où le voleur se serait défendu avec une arme ? Le meurtre ne serait pas contraire au droit. Pourquoi ? Parce que, dans ce cas, il y a un droit constitué.

Malgré ce dédoublement formel du locuteur en interrogeant et interrogé, cette simulation d'hétérogénéité ne nous semble pas relever du D.I.L. [31].

La *subiectio*, en revanche, insère bien dans un discours citant des propos prêtés à quelqu'un, ou peut-être déjà entendus dans la bouche des adversaires ou dans la rumeur publique, ou encore pensés par autrui et devinés par le locuteur au vu d'une mimique, d'un geste, etc.

Ces différents cas de figure se traduisent également par des formes linguistiques variées qui vont du plus explicite au plus allusif. Souvent, l'objection s'exprime par un énoncé dont l'énonciateur est explicité, soit dans une incise, soit dans une proposition introductrice de discours indirect :

(35)   Je tracerai autour de moi, comme une façade et un décor, une image de vertu. *Mais c'est un fait, dira-t-on, qu'il n'est pas facile au méchant de se cacher toujours* (ἀλλὰ

---

28.   Cette finalité est évoquée par Alexandros, *Au sujet des figures de pensée et des figures de mot*, n° 8, p. 17, et par un auteur anonyme, p. 121, *Rhetores graeci*, éd L. Spengel, 1856, t. III.

29.   Exemple cité par Alexandros , n° 8, p. 17. Voir aussi Demosthène VI, 7 cité par Tiberios sous sa définition de l'hypophore, p. 77 : « Je vais vous expliquer. De quoi Philippe, après la conclusion de la paix, s'est-il d'abord rendu maître ? Des Thermopyles et du contrôle des affaires en Phocide. Et quel usage en a-t-il fait ? Ce sont les intérêts des Thébains, et non les vôtres, qu'il a voulu servir. Savez-vous pourquoi ? Parce que ... ». Voir aussi Thucydide, I, 80, 4.

30.   Cité par Rufinianus comme *aitiologia* (8, p. 40, 19sq).

31.   La problématique de la délimitation du discours indirect libre est au cœur de l'article d'A. Jaubert ici-même.

γὰρ, φησί τις, οὐ ῥᾴδιον ἀεὶ λανθάνειν). Il n'y a pas non plus de grandes entreprises sans difficultés. (Platon, *République* 365c) [32]

(36)   Ἀλλὰ γὰρ ἴσως ἂν εἴποις ὡς ... (Isocrate, *Busiris* XI, 48) Mais peut-être tu dirais que ... [33].

(37)   *Ingeram mala multa ? Atque aliquis dicat : « Nihil promoueris ». Multum ! Molestus certe ei fuero atque animo morem gessero.* (Térence, *Andrienne* 640-1) Vais-je l'accabler de force malédictions ? 'Mais, pourrait-on dire, cela ne t'avancera pas'. Beaucoup ! Au moins je l'aurai molesté et soulagé mon cœur.

(38)   *Dicet aliquis : 'Quid ergo ? Tu Epicurum existimas ista uoluisse (…) ?' Ego uero minime* (Cicéron, *Tusculanes* III, 46) On me dira : 'mais quoi ? peux-tu penser, toi, Cicéron, qu'Epicure désirait ces biens dont tu parles (…) ?' Moi, pas le moins du monde.

L'explicitation de la source de l'objection répond en général à un souci de clarté, parfois à une envie d'ironiser sur ce fauteur d'objection :

(39)   Mais par Zeus, m'objectera quelque contradicteur soi-disant bien informé, ... (Démosthène, VI, 13)

(40)   Mais, mon ami, répondra un homme qui raisonne... (Platon, *République* 366a).

Parfois l'existence (latente) de la proposition introductrice se marque seulement par la présence d'un subordonnant au début de l'énoncé supposé :

(41)   ἥξειν νομίζεις παῖδα σὸν γαίας ὕπο ;
         Καὶ τίς θανόντων ἦλθεν ἐξ Ἅιδου πάλιν;
         ὡς λόγοισι τόνδε μαλθάξαιμεν ἄν;
         Ἥκιστα (Euripide, *Héraclès* 296-299) [34]
         Crois-tu que ton fils sortira du sein de la terre ? Quel mort est jamais revenu de l'Hadès ? Mais [diras-tu] **que** nous fléchirions cet homme par des paroles ? Nullement.

L'énoncé présentant l'objection de l'énonciateur fictif peut aussi ne pas être introduit du tout ; *l'hétérogénéité énonciative n'apparaît alors que par la contradiction des propos, qui ne peuvent logiquement relever tous du même énonciateur.* Ainsi, dans un discours où le démocrate Lysias attaque Eratosthène, l'un des Trente, il en vient à étendre sa diatribe à tous les maux dont ces tyrans ont été cause (Lysias, XII, 39-40) :

(42)   Demandez-lui donc, à lui, de vous apprendre en quelle occasion les Trente ont tué autant d'ennemis qu'ils ont fait périr de citoyens, pris à l'ennemi autant de

---

32.   Voir aussi Platon, *République*, 366a, Xénophon, *Anabase*, VII, 6, 23, Démosthène, VI, 13.
33.   Voir aussi Xénophon, *Anabase*, VII, 6, 16 , Platon, *Phédon*, 87d.
34.   Voir aussi Euripide, *Hippolyte* 1013.

vaisseaux qu'ils lui en ont livré, quelle cité ils vous ont acquise qui valût la
vôtre, asservie par eux.

Puis il énonce une pseudo-intervention d'un partisan des tyrans, alléguant
certains comportements patriotiques de ces tyrans :

(43)   Ἀλλὰ γὰρ ὅπλα τῶν πολεμίων ἐσκύλευσαν τοσαῦτα ὅσα περ ὑμῶν
        ἀφείλοντο, ἀλλὰ τείχη τοιαῦτα εἷλον οἷα τῆς ἑαυτῶν πατρίδος
        κατέσκαψαν ;
        Mais ils ont dépouillé l'ennemi d'autant d'armes qu'ils vous en ont arraché à
        vous-mêmes, *mais* ils ont pris d'assaut des murs qui valaient ceux de leur patrie,
        qu'ils ont rasés ?

Enfin, en son nom, il reprend l'attaque initiale pour démolir l'argument allégué
car celui-ci est totalement contraire aux faits :

        Eux qui ont détruit les forts de l'Attique, preuve qu'en renversant les murs
        d'enceinte du Pirée, ils n'obéissaient pas aux ordres des Lacédémoniens, mais
        pensaient affermir leur propre domination !

Parfois la transposition pronominale des propos de l'énonciateur fictif fait
apparaître des pronoms de la *première* personne dans un énoncé que le locuteur
ne pourrait prendre à son compte sans se nuire gravement ; le bivocalisme est
alors patent. Ainsi, Gorgias imagine un discours où Palamède, héros grec de la
Guerre de Troie, doit se défendre de toute collusion avec l'ennemi ; Palamède
en vient à présenter le point de vue de ses adversaires comme s'il le faisait sien,
pour mieux le réfuter ensuite :

(44)   Mais admettons qu'ait eu lieu ce qui n'a pas eu lieu. *Nous nous sommes rencontrés,*
        nous avons parlé, nous nous sommes compris, j'ai touché d'eux de l'argent, je l'ai rapporté en
        cachette, je l'ai dissimulé (Gorgias, *Palamède* fr 11a, §11).

Gorgias, qui est le plus ancien rhéteur, a pris soin de souligner que son hypothèse en est une. Un siècle plus tard, devant des auditeurs accoutumés à la
rhétorique, Démosthène pratique l'hypophore [35] sans le dire ; par exemple, dans
cet extrait du *Sur la Couronne,* 117, où il s'insurge que son adversaire lui dénie le
droit à un éloge mérité par ses dons à la cité, sous prétexte que la reddition de
comptes de sa magistrature n'a pas encore eu lieu, et qu'en outre il pourrait bien
être un traître :

(45)   J'ai fait un don. Je reçois un éloge pour cela, sans avoir à rendre compte de ce
        que j'ai donné. J'ai exercé une magistrature. Et j'en ai rendu compte, mais pas

---

35.   Notion définie en note 24.

des dons que j'ai faits. *Oui par Zeus ! mais j'ai trahi les devoirs de ma charge !* (Νὴ Δία, ἀλλ' ἀδίκως ἦρξα.). Et alors toi, qui étais là, tu ne m'accusais pas ?

Dans ce cas, c'est le caractère inconcevable de l'aveu qui dénonce le propos comme hypophore.

A l'inverse, il arrive qu'on ne sache pas bien s'il y a unité de point de vue ou bivocalisme. Un exemple de cette ambiguïté est fourni par le vers 500 de l'*Iphigénie à Aulis* : Ménélas s'adresse à son frère Agamemnon, à propos du sacrifice d'Iphigénie ; on sait qu'au début, il souhaitait qu'il ait lieu pour que l'armée puisse partir pour Troie ; dans cette scène, il déclare en substance à son frère qu'il a pitié d'Iphigénie et qu'il ne faut pas la sacrifier à ses intérêts (vers 491-499) ; il poursuit (vers 500-502) :

(46)   Ἀλλ' εἰς μεταβολὰς ἦλθον ἀπὸ δεινῶν λόγων.
         Εἰκὸς πέπονθα· τὸν ὁμόθεν πεφυκότα
         στέργων μετέπεσον.
         Mais j'en suis venu à des changements après mes terribles propos. C'est bien naturel :
         mon amour pour mon frère a causé ce revirement.

Le vers 500 est-il une simple assertion de Ménélas (j'ai changé), ou un étonnement prêté à Agamemnon (mais, diras-tu, j'ai changé) [36] et auquel répond le vers 501 ? C'est indécidable.

2.2. Les marques formelles de la logique bivocale

Dans ces conditions, il peut y avoir un intérêt à chercher des marques textuelles d'un bivocalisme possible ou certain : marques d'énonciation du discours direct ? présence de connecteurs typiques ? existence d'adverbes modalisateurs du point de vue du locuteur ?

S'agissant des **connecteurs**, l'énoncé au D.I.L. qui exprime l'objection semble introduit au minimum par « mais » (ἀλλά en grec, *at* en latin) ; soit *at* ou ἀλλά est seul, soit on le trouve en association avec une particule explicative (ἀλλὰ γάρ ou *at enim*), ce qui semble assez typique [37].

[36.] La première interprétation est celle de F. Jouan dans l'édition de la C.U.F., la seconde celle de J.D. Denniston (1959 : 8), en raison de la présence de ἀλλά (voir plus bas) et celle de M. Delcourt dans sa traduction (éd. de la Pléiade, 1962).

[37.] Voir Platon, *République* 366a. Noter qu'on trouve ἀλλὰ γάρ non seulement en D.I.L. mais aussi lorsque le verbe déclaratif est explicite, que celui-ci soit dominant (Platon, *Phédon*, 87d) ou en incise (Platon, *République*, 365c). Néanmoins, ἀλλὰ γάρ s'emploie aussi en dehors de toute situation de bivocalisme (par exemple Gorgias, *fr.* 11a, 32).

'Αλλά seul est peu typé : il marque un changement d'orientation argumentative, d'où parfois des cascades de ἀλλά introduisant alternativement des objections et des réponses aux objections :

(47)   Pensais-je que par crainte de ma puissance il me donnerait aussitôt de l'argent ? *Mais* (ἀλλά) nous n'étions ni l'un ni l'autre dans une telle situation. *Mais* (ἀλλά) *je pensais qu'en engageant un procès je l'emporterais sur Pasion même contre toute justice ? Mais* (ἀλλά) je m'apprêtais même à ne pas demeurer ici (Isocrate, XVII, 47) [38].

Cette rupture énonciative signalant une situation de polyphonie est fréquemment marquée en latin par *at* [39] ; ce connecteur est notamment utilisé pour présenter le point de vue de l'énonciateur dans les procédés rhétoriques de l'*occupatio* et de la *subiectio*, mais comme ἀλλά en grec, il distribue les tours de parole sur les deux interlocuteurs :

(48)   **At** *Miloni ne fauere quidem potui : prius enim rem transegit quam quisquam eum facturum id suspicaretur.* – **At** *ego suasi.* – *Scilicet is animus erat Milonis ut prodesse rei publicae sine suasore non posset.* – **At** *laetatus sum.* - *Quid ergo ? in tanta laetitia cunctae ciuitatis me unum tristem esse oportebat ?* (Cicéron, *Philippiques* II, 21)
        Quant à Milon, je n'ai même pas pu approuver son dessein : il a en effet terminé l'affaire avant que personne eût pu soupçonner qu'il en avait formé le projet. – Mais c'est moi [dis-tu] qui l'avais conseillé. – Apparemment, bien sûr, Milon est homme à ne pas pouvoir servir l'Etat sans un conseiller ! – Mais je m'en suis réjoui. – Quoi donc ? dans une telle allégresse de toute la cité, moi seul devais m'affliger ?

Quant à l'ensemble ἀλλὰ γάρ « mais c'est vrai », il marque l'objection, d'après Denniston (1959 : 104-105), comme fondamentale ou importante, et à ce titre, dans le vrai dialogue, inaugure souvent le tour de parole du locuteur qui émet une objection. D'autre part, en situation monologale, il a aussi, plus rarement, un emploi dit « progressif », et signale alors l'ajout de quelque chose d'important. On pourrait définir de même le *at enim* du latin [40]. Leur présence n'est donc pas un critère assuré de bivocalisme. Néanmoins, elle apporte une nuance énonciative intéressante. Par l'emploi de γάρ en grec et de *enim* en latin, au sens « en effet, c'est vrai », on souligne la validité de l'argument qu'on

---

38.   Voir aussi Antiphon, V, 58 ; Lysias, XXX, 26-27 ; Isée, IX, 25 ; Hypéride, *Philippe*, 10.
39.   A. Orlandini (1994) et C. Kroon (1991).
40.   Voir *Oxford Dictionary*, sous *at* § 4, p. 194 : « alone or with *enim*, to introduce a supposed objection ».

énonce [41] ; lorsque ces particules figurent dans un énoncé attribué à un énonciateur (et que le locuteur entend réfuter), la voix de cet énonciateur en prend plus de relief, comme s'il manifestait un enthousiasme excessif ou une suffisance prétentieuse, ce qui implique une intention ironique du locuteur qui va ensuite disqualifier son argument comme absurde.

(49)   « **At enim** *in senatum uenire, in Capitolium intrare turbulento illo die non debuisti* ». **Ego uero** *neque ueni et domo me tenui quandiu turbulentum tempus fuit.* (Cicéron, *de Domo sua* 5)
        'Mais tu n'aurais pas dû venir au sénat, entrer au Capitole ce fameux jour agité'.
        Pour ma part, bien évidemment, je ne suis pas venu et je suis resté chez moi aussi longtemps qu'il y a eu de l'agitation.

(50)   **At enim** *iudicia facta permulta sunt a Cluentio iudicium esse corruptum.* **Immo uero** *ante hoc tempus omnino ista ipsa res suo nomine in iudicium numquam est uocata.* (Cicéron, *Cluentius* 88)
        Mais, [dites-vous], il y a eu nombre d'arrêts de justice déclarant que le tribunal avait été corrompu par Cluentius. Pas du tout : avant l'heure présente, cette affaire en elle-même n'a absolument jamais été portée devant le tribunal.

Par ailleurs, l'autonomie énonciative de l'énoncé au D.I.L. y autorise le maintien de marques d'énonciation du D.D. : adverbes d'affirmation (Ναί « oui » [42]), formules de serment comme νὴ Δία « par Zeus », *Hercle* « par Hercule », *Pol* « par Pollux » ; et, discursivement, celles-ci peuvent souligner à la fois la force de l'argument et l'autonomie discursive de sa forme [43].

On peut aussi trouver près d'ἀλλὰ γάρ l'adverbe **modalisateur** *peut-être* (ἴσως) ; l'équivalent latin est *fortasse*. Dans un corpus grec étendu, *toutes* les occurrences [44] de cet adverbe, dans ce type de contexte, peuvent être interprétées comme signalant du D.I.L. Quel est donc le statut de cet adverbe par rapport à une telle situation énonciative ?

---

41.   Le fonctionnement de γάρ et de *enim* se situe à la frontière entre celui d'un connecteur argumentatif (ils signalent la validité accordée par le locuteur à l'énoncé pour comprendre un élément situé en amont) et celui d'une particule énonciative, proche des adverbes d'énonciation assertifs.
42.   Hypéride, *Philippe*, 10.
43.   Voir Démosthène, *Couronne*, 117, déjà cité, et VI, 14 ; X, 73 ; XIX, 158 ; XXI, 148-9. Ce type de formule se trouve aussi quand il y a une incise comme « dirait-on » (Démosthène, VI, 13), mais pas en proposition déclarative subordonnée. A l'inverse, il est évident que la présence de ἀλλὰ νὴ Δία en début de phrase n'implique pas nécessairement qu'il y ait objection d'un locuteur supposé (contre-exemple en Démosthène, XVIII, 129). Pour le latin, voir par exemple Tite-Live, *Histoire Romaine* 44, 39, 1 ou Cicéron, *Orator* 2, 286.
44.   Huit occurrences dans les œuvres de Hérodote, Platon, Andocide, Isocrate (à lui seul quatre occurrences). Cette association reste peu courante : il n'y en a pas trace dans l'ensemble des œuvres de Gorgias, Thucydide, Lysias, Isée, Démosthène, Eschine, Polybe, ni dans les œuvres théâtrales.

Rappelons qu'en logique modale, *peut-être* est considéré comme neutre du point de vue aléthique, c'est-à-dire qu'en disant *peut-être*, le locuteur dit qu'il n'a de preuve ni de **p** ni de **non-p** [45] ; le locuteur montre ainsi qu'il n'assume pas la responsabilité de l'affirmation **p** (il la laisse à un énonciateur qu'on appellera **Ep**). Selon H. Nølke (1988), en situation de D.I.L., cet énonciateur **Ep** va être identifié à un allocutaire de la situation d'énonciation. Ainsi, en Isocrate, IV, 175 [46], le locuteur est tout à fait opposé à l'argument pacifiste qu'il énonce et dont il attribue la paternité à un objecteur :

(51)   ἀλλὰ γὰρ ἴσως διὰ τὰς συνθηκὰς ἄξιον ἐπισχεῖν ἀλλ' οὐκ
       ἐπειχθῆναι καὶ θᾶττον ποιήσασθαι τὴν στρατίαν
       Mais peut-être les traités nous imposent d'attendre au lieu de nous hâter et de
       presser l'armée [= mais dira-t-on peut-être, il est vrai que les traités ...].

Parfois, le locuteur explicite que l'objection est portée par la parole d'un autre (l'adverbe *peut-être* porte sur le verbe déclaratif) :

(52)   ἀλλὰ γὰρ ἴσως ἂν εἴποις ὡς ...
       Mais peut-être dirais-tu que ... (Isocrate, XI, 48) [47]
(53)   *« Quid ergo ? hoc tibi sumis »* **dicet fortasse quispiam** *« ut, quia tu defendis, innocens
       iudicetur ? »* (Cicéron, *Pro Sulla* 84)
       Et quoi ? Tu as la prétention, me dira peut-être quelqu'un, qu'un accusé soit
       jugé innocent parce que tu es son défenseur ?

Cependant, même en l'absence de ce verbe (comme en Isocrate, IV, 175 [= énoncé 51]) et sans qu'il y ait lieu de considérer que ce verbe est en ellipse, la dissociation énonciative est claire.

(54)   *Itaque hominem huic optimae tutissimaeque custodiae non audet committere (…). Amandat
       hominem. Quo ? Lilybaeum* **fortasse** *? Video (…). Minime, iudices. Panhormum igitur ?
       Audio (…). Ne Panhormum quidem. Quo igitur ?* (Cicéron, *Seconde action contre Verrès*
       V, 69)
       C'est pourquoi il n'ose pas mettre l'homme sous cette garde excellente et très
       sûre (…). Il renvoie cet homme. Où ? A Lilybée *peut-être* ? Je vois (…). Pas du
       tout, juges. A Palerme, donc ? J'entends (…) ; mais pas à Palerme non plus. Où
       donc ?

On peut même se demander si, dès qu'il y a dissociation énonciative avec mention d'une objection d'autrui à réfuter, on ne pourrait pas introduire un *peut-*

---

45.   Les deux propositions **p** et **non-p** sont également possibles. Ceci explique qu'en
      grec l'adverbe de modalité ait la forme de l'adverbe de manière créé sur l'adjectif
      signifiant *égal.*
46.   Voir aussi Andocide, IV, 37, Isocrate, XIX, 36.
47.   Voir aussi Lysias, XXII, 11.

être ; à examiner les exemples qui ne comportent qu'un ἀλλά ou un ἀλλὰ γάρ, ceci apparaît possible.

Parfois, comme en Hérodote, VI, 124, 1, l'énoncé semble plus ambigu [48] :

(55)   *Mais peut-être* trahissaient-ils leur patrie parce qu'ils avaient quelque chose à re- procher au peuple des Athéniens ('Αλλὰ γὰρ ἴσως τι ἐπιμεμφόμενοι 'Αθηναίων τῷ δήμῳ προεδίδοσαν τὴν πατρίδα.) Or personne dans Athènes n'était plus considéré qu'eux et plus comblé d'honneurs.

Quelle est la portée de l'adverbe *peut-être* ? Est-il la marque d'une *possibilité* de penser ou de dire l'objection *(on dira peut-être que ...),* comme dans les exemples déjà décrits, ou la marque d'une incertitude portant sur le contenu sémantique de l'objection, qui ne serait affirmée par l'énonciateur que comme une chose possible et non certaine *(on dira que peut-être...)* ? Dans ce cas on présente l'énonciateur comme s'il était lui-même dans le doute sur la portée de son objection, ou du moins affectait de l'être pour adoucir (en apparence) cette objection. Il n'est pas impossible qu'un locuteur recoure à ce genre de stratégie argumentative complexe.

Aucun des énoncés n'exclut que la modalisation s'exerce au niveau supérieur : *peut-être* indiquerait alors *un doute sur la possibilité de mentionner l'objection.* C'est souvent une précaution oratoire pour admettre que l'objection n'a pas été réellement formulée, que l'on n'est pas sûr qu'il puisse se trouver quelqu'un pour l'exprimer. Parfois, l'intérêt stratégique d'employer *peut-être,* c'est pour le locuteur d'anticiper la reprise en main de l'argumentation après la mention de l'objection : avec *peut-être,* il a accepté l'argument de l'autre non sans en contester déjà en partie la validité. Quelquefois ce doute est *joué* d'une façon plaisante, ironique, quand l'objection prêtée à l'énonciateur est à l'évidence une contre- vérité, comme le fait Socrate dans le *Ménon* (94d) :

(56)   Mais peut-être (ἀλλὰ γὰρ ἴσως) Thucydide était un homme de rien et il n'était pas le personnage comptant parmi les Athéniens et parmi les alliés, le plus grand nombre d'amis ?

Dans ces conditions, la **ponctuation**, et l'intonation qu'elle transcrit, posent problème : il y a parfois un point (ce qui est adapté à la modalité assertive), parfois un point d'exclamation, et le plus souvent un point d'interrogation. Ce dernier correspond à une interprétation avec une ellipse (« Mais ne pourrait-on dire que... ? »). Est-il vraiment nécessaire de restituer une telle ellipse ? Ce faisant, on n'exprime plus qu'une auto-objection, déjà rejetée par cette modalité du doute qu'est l'interrogation, au moment même où elle est mentionnée. Ainsi se trouverait dénaturé l'effet rhétorique : l'hétérogénéité discursive, l'intrusion

---

48.   Voir aussi Isocrate, VI, 80, XVII, 49 ; Platon, *Hippias maj.*, 304e.

du discours d'autrui, serait gommée ; il se superposerait à l'énoncé de
l'énonciateur une modalité interrogative qui ne peut relever que du locuteur.

Ce paragraphe permet donc de poser clairement le problème de la
délimitation et de la définition du D.I.L. : jusqu'où peut-on admettre la dilution
de la frontière entre locuteur et énonciateur ? Pour notre part, nous pensons
que, pour indéterminée que puisse être l'identité de l'énonciateur, celui-ci doit
rester distinct du locuteur pour qu'on puisse véritablement parler de discours
indirect [49] ; se trouve ainsi perpétuée la distinction opérée par les Anciens entre
aitiologie et *subiectio*.

3. La relation des propos d'un autre énonciateur ou le discours rapporté stricto sensu

On distinguera deux situations :

(a)   la relation, au sein d'un dialogue, des propos d'autrui (tierce personne, ou
       l'interlocuteur lui-même dans le passé) avec un raccourci d'expression
       occultant que l'on a affaire à une narration ;
(b)   le récit qui s'interrompt pour laisser entendre la voix, plus ou moins
       narrativisée, des protagonistes des événements. S'agissant de ces insertions
       du discours en récit, nous étudierons successivement les faits en grec, puis
       en latin, car l'usage du système modal et temporel est différent dans les
       deux langues.

3.1. Propos rapportés en contexte dialogique

Lorsqu'Electre évoque les messages réitérés de son frère, qui est en exil :

(57)   Ἀεὶ μὲν γὰρ ποθεῖ, ποθῶν δ' οὐκ ἀξιοῖ φανῆναι
          Toujours il désire venir, et tout en désirant il ne se résout pas à venir (Sophocle,
          Electre, 171)

toujours équivaut en quelque sorte à un verbe déclaratif fréquentatif, dont
l'explicitation narrativiserait le dire : « il dit toujours qu'il désire venir ». Ici le discours est d'emblée libre, mais comme ce fut un discours réitéré, l'adverbe
« toujours » relève cependant du discours citant. Il en va de même pour
l'assertion du désir d'Oreste lorsqu'elle est faite par son précepteur au début de
la pièce :

(58)   Fils d'Agamemnon, maintenant tu peux voir ces lieux qui ont *toujours* fait ton
          envie (ὧν πρόθυμος ἦσθ' ἀεί). L'antique Argos que tu désirais, la voici (Τὸ
          γὰρ παλαιὸν Ἄργος οὑπόθεις τόδε) (Sophocle, *Electre* 2-4).

---

49.   Cf. A. Jaubert ici-même.

Souvent les verbes de **sentiment** permettent de basculer vers le style indirect libre. En effet dans « j'ai peur » ou « je désire », le sentiment énoncé et son énonciation sont indissociables ; j'éprouve un sentiment et je dis que je l'éprouve – ou vice-versa. Par ailleurs, nous n'avons accès aux sentiments intimes d'autrui que dans la mesure où ceux-ci sont exprimés, où un dire les a extériorisés. Asserter sur les sentiments de l'autre, ce ne peut être que rapporter ses diverses manifestations extérieures au premier chef desquelles l'expression orale ; « il désire » présuppose donc « il dit qu'il désire » ou, à la rigueur, « il manifeste, il montre qu'il désire ».

Le vers 1425 des *Grenouilles* d'Aristophane offre un autre exemple de cette intrication entre les verbes de sentiment et le discours librement rapporté :

(59)   [Euripide] Et quelle opinion a-t-elle de lui ?
        [Dionysos] Elle l'aime, et le hait, et le veut posséder
        (Ποθεῖ μέν, ἐχθαίρει δέ, βούλεται δ' ἔχειν).

le lecteur a tendance à tirer de l'interrogation *quelle opinion ?* (τίνα γνώμην) un verbe de parole (elle *dit* qu'elle l'aime ...).

En voici un autre exemple, emprunté à Cicéron en contexte de dialogue épistolaire :

(60)   [Curio] *(...) rediit, fuit ad me sane diu. O rem foedam ! Nosti hominem ; nihil* **occultabat,** *in primis nihil esse certius quam ut omnes qui lege Pompeia condemnati essent restituerentur ; itaque se in Sicilia eorum opera usurum. De Hispanis* **non dubitabat** *quin Caesaris essent ; inde ipsum cum exercitu ubicumque Pompeius esset* [... : discours indirect enchâssé]. *Cum autem ex eo quaererem quid uideret, quem exitum,* [...], *plane* **fatebatur** *nullam spem reliquam. Pompei classem* **timebat** *; quae si accessisset, se de Sicilia abiturum ;* [... : discours direct] (Cicéron, *Lettre à Atticus* X, 4, 8-9)
        Curion est revenu et il est resté chez moi assez longtemps. O situation horrible ! Tu connais l'homme ; *il ne cachait rien,* en premier lieu rien n'était plus certain que la réhabilitation de tous ceux qui avaient été condamnés en vertu de la loi Pompéia ; c'est pourquoi il recourait à leurs services en Sicile. Pour ce qui est des provinces d'Espagne, *il ne doutait pas* qu'elles fussent entre les mains de César ; de là César irait avec son armée partout où irait Pompée (...). Et comme je lui demandais quelle issue il voyait, *il m'avouait* tout de go ne plus avoir aucun espoir. *Il craignait* la flotte de Pompée, et si elle devait approcher, il quitterait la Sicile.

La même valeur performative s'observe pour le verbe **menacer** (ἀπειλέω, *minitor*), *je te menace* signifiant *je te dis que je te ferai du mal.* Ainsi, lorsqu'Ajax a découvert le carnage d'animaux qu'il a commis pendant qu'il était pris de folie, il a menacé sa compagne, Tecmesse, pour qu'elle lui dise ce qui s'était passé. Tecmesse raconte ensuite cette scène :

(61)   ἔπειτ' ἐμοὶ τὰ δειν' ἐπηπείλησ' ἔπη,
        εἰ μὴ φανοίην [optatif oblique futur] πᾶν τὸ συντυχὸν πάθος
        Ensuite il a proféré contre moi des menaces terribles, si je ne lui révélais pas
        tout le malheur qui est arrivé (Sophocle, *Ajax* 312-313) [50].

La principale qu'a énoncée Ajax (*je te ferai du mal*) reste en ellipse ; seule est
explicite la condition (*si tu ne me révéle[ra]s pas* ...) qui induira la réalisation de
l'acte menaçant ; la traduction française peut donner l'impression qu'il n'y a
qu'une seule voix, celle du narrateur qui prend en charge l'énoncé, alors que le
texte grec fait entendre en partie les paroles mêmes d'Ajax, grâce à l'optatif
oblique : dans la conditionnelle, le verbe principal se trouve au temps futur,
comme dans toute protase de système hypothétique à verbe principal au futur,
et au mode optatif par transposition en discours indirect relevant du passé (c'est
ce que les grammaires du grec appellent l'optatif oblique).

3.2. Propos rapportés en récit historique grec

Le D.I.L. en récit historique peut être caractérisé par l'association des
paramètres suivants :

- il s'agit de propos appartenant au non-actuel passé, répétés en différé,
- relevant de modalités diverses (assertive, impérative ou interrogative),
- tenus en une occasion unique ou réitérés par des énonciateurs différents
  du locuteur du discours citant (ou par lui-même en tant qu'énonciateur du
  passé)
- et insérés dans une trame narrative, dont ils constituent un élément factuel
  au même titre que d'autres événements et à la progression de laquelle ils
  doivent donc contribuer.

3.2.1. Pour bien apprécier si certains énoncés du dialecte attique classique [51]
relèvent ou non du D.I.L., nous commencerons par un bref rappel des options
énonciatives possibles en cas de discours indirect **dépendant** hypotaxique.
     La règle générale est la conservation du point de vue temporel de
l'énonciateur : même lorsque le moment où l'énonciateur a parlé est antérieur à

---

50. Situation énonciative semblable en *Cyropédie*, 4, 5, 12, où Xénophon raconte : « il
    menaçait aussi l'envoyé, s'il ne transmettait pas cela rigoureusement » (εἰ μὴ
    ἀγγέλλοι [optatif oblique présent]). L'énonciateur a dit « si tu ne tranmets pas cela
    rigoureusement, ... »).

51. La langue homérique ne conserve pas le point de vue temporel de l'énonciateur
    dans le discours rapporté. « Quand le verbe principal est au passé et que le procès de
    la subordonnée lui est concomitant, la langue homérique emploie l'imparfait » (P.
    Chantraine 1963 : II, § 428). Cf. *Od.* III, 166 : ἐπεὶ γίνωσκον ὃ δὴ κακὰ μήδετο
    [indicatif imparfait] δαίμων « car je comprenais qu'un dieu nous méditait des
    maux ». Voir aussi W.W. Goodwin, (1966 : § 671-674).

celui où le locuteur rapporte ses paroles, les verbes du discours tenu par l'énonciateur qu'il a ou aurait prononcés à l'indicatif présent, futur ou parfait (= accompli du présent) conservent ces temps. Quant au mode du verbe, il peut y avoir :

– transposition à l'infinitif : il y a alors simple mention de l'événement ;
– conservation du mode indicatif (au temps qu'a employé l'énonciateur) : le locuteur considère alors l'événement rapporté comme un fait ; il y a coïncidence de son point de vue et de celui de l'énonciateur dont il reproduit l'énoncé ; la seule marque de surimpression du point de vue du locuteur est alors le changement de personne, parfois même susceptible d'être négligé ;
– transposition à l'optatif dit « oblique » ; ce mode indique une « moindre actualisation » [52] du fait (il permet au locuteur de situer l'événement hors du domaine de sa réalité actuelle) et une « dissociation énonciative » [53] (la phrase à l'optatif relève du point de vue passé d'un autre énonciateur).

Pour opposer ces deux dernières options, on examinera cette phrase de Thucydide (II, 80), où deux jugements se suivent, l'un qui est présenté comme un jugement qui s'impose, le second qui paraît être l'avis personnel de l'énonciateur :

(62)   ... disant que (λέγοντες ὅτι), s'ils venaient (ἐὰν ἔλθωσι) [subjonctif d'éventualité] avec une flotte et une armée de terre, ils se *rendraient* aisément maîtres (κρατήσουσι) [indicatif futur] de ..., et que le tour du Péloponnèse *ne se ferait plus* (οὐκέτι ἔσοιτο) [optatif oblique futur] de la même façon pour les Athéniens.

Avec l'optatif, le narrateur souligne que la proposition subordonnée a une source énonciative située dans le passé et différente de celle de la narration principale : « L'optatif oblique isole un point de vue : jugement personnel opposé au jugement qui s'impose, argument personnel opposé à l'argument naturel » (L. Basset, 1986 : 110).

Le locuteur a aussi une quatrième possibilité (bien qu'il fasse rarement ce choix), celle de continuer à présenter l'événement comme réel à l'aide de l'indicatif, mais de le repérer comme *passé par rapport au moment de sa propre énonciation* en employant *l'imparfait et le plus-que-parfait* (= imparfait de l'accompli) ; en ne maintenant pas le point de vue temporel de l'énonciateur, il efface une marque importante du bivocalisme, que la norme grammaticale tend à imposer comme nécessaire [54]. Le plus souvent cet imparfait est isolé, et se justifie par une

---

52.   H. Vairel (1978 ; 1979 ; 1980).
53.   L. Basset (1982 ; 1986).
54.   W.W. Goodwin (1966 : § 671) dit qu'alors il n'y a plus de discours indirect.

prise de position du locuteur qui atteste ainsi de la réalité de cet événement passé :

(63)   Il s'accusa lui-même d'avoir dérobé (ὅτι ὑφέλοιτο [optatif oblique aoriste]) mille drachmes, et il disait avoir en sa possession tout ce qui n'*avait pas été dépensé* (ὅσον μὴ ἦν ἀνηλωμένον [indicatif plus-que-parfait]) (Démosthène, XLVIII, 16).

Le locuteur connaît la réalité de l'existence de cette somme non dépensée, et l'atteste par cet imparfait de l'accompli [55].

(64)   Ils disaient qu'il n'avait pas [infinitif présent] une belle façon de libérer la Grèce, s'il *massacrait* (διέφθειρε [indicatif imparfait]) des gens qui ne prenaient pas les armes contre lui ni n'étaient ses ennemis, et s'il ne cessait pas (εἰ μὴ παύσεται [indicatif futur]) ... (Thucydide, III, 32).

Ces massacres ont été mentionnés par l'historien peu auparavant ; l'imparfait qui les rappelle est en rupture avec les temps des autres verbes, qui conservent, eux, le point de vue temporel de l'énonciateur (présent et futur).

(65)   Lamachos disait qu'il fallait [infinitif présent] prendre comme mouillage Mégara, qui *était* [indicatif imparfait] déserte (τὰ Μέγαρα, ἃ ἦν ἐρῆμα) (Thucydide, VI, 49, 4).

En parlant, Lamachos est censé avoir dit « il faut [indicatif présent] ... qui est [indicatif présent] déserte » ; dans la relative, s'il ne s'agissait que de rapporter les propos de Lamachos, le présent aurait été conservé ; ici encore le narrateur, en exprimant le fait comme passé par rapport au moment de son énonciation, signale qu'il en assume l'énonciation. Afin de souligner que l'imparfait « était » ne résulte pas, en français, de la concordance des temps, L. Bodin et J. de Romilly traduisent ainsi : « qui était *alors* déserte », l'adverbe de temps *alors* contribuant à réintroduire le point de vue du narrateur [56].

    Ce n'est qu'exceptionnellement que tout un discours rapporté se trouve à l'imparfait. Ainsi, dans un texte célèbre où Xénophon (*Anabase*, III, I, 2) nous présente les tristes pensées des Grecs accablés après la mort de Cyrus, c'est à l'imparfait qu'il rapporte l'ensemble de leurs réflexions :

(66)   Les Grecs étaient dans un grand embarras, réfléchissant qu'ils *étaient* (ἐννοούμενοι ὅτι ἦσαν) près des portes du Roi, que de tous côtés ils *étaient* (ἦσαν) entourés d'une multitude de peuples et de cités ennemies, que

---

55.   Même point de vue en Démosthène, XIX, 151 : *il rendrait* [infinitif futur] *ce qu'il avait pris* [plus-que-parfait] *à la cité*. On aurait le parfait s'il y avait conservation du point de vue temporel de l'énonciateur.

56.   Voir aussi Thucydide, VII, 36, 4 (ᾧπερ ... ἐπίστευον) et 6 (ὅπερ καὶ ἔβλαπτε).

personne n'*allait* (ἔμελλεν) plus leur ouvrir de marché, que la distance qui les *séparait* de l'Hellade (ἀπεῖχον) était au moins de dix mille stades, qu'ils n'*avaient* aucun guide pour les conduire, que des fleuves infranchissables leur *coupaient* (διεῖργον ἀδιάβατοι) la route du retour, qu'ils *avaient* été trahis par les barbares (προὐδεδώκεσαν) [plus-que-parfait = passé de l'accompli] qui accompagnaient Cyrus, qu'ils *avaient été* abandonnés (καταλελειμμένοι ἦσαν) [plus-que-parfait] et réduits à leurs propres forces.

Ce faisant, Xénophon conduit l'analyse avec sa propre voix, unifiant, à un niveau de généralité qu'aucun des dix mille Grecs n'avait énoncé, les pensées confuses de personnes trop accablées pour même les formuler [57].

Peut-être peut-on parler, avec ces emplois à l'imparfait, d'une co-énonciation, où le locuteur superpose sa voix à celle de l'énonciateur de la situation passée. Formellement, il n'y reste plus comme marque du discours rapporté que la mention, par le verbe introducteur, que c'est un discours rapporté, ou du moins que le locuteur asserte la teneur générale d'un discours ou d'un monologue intérieur d'un énonciateur préalable. Arrivait-il aux Grecs d'effacer cette dernière marque et, ce faisant, de produire un D.I.L. à l'imparfait de l'indicatif ? Ou avaient-ils conçu d'autres formes de D.I.L. ?

3.2.2. Lorsque des propos rapportés sont organisés en plusieurs phrases successives, seuls ceux qui sont énoncés dans la première phrase sont en dépendance visible du verbe de parole introducteur ; dans les phrases suivantes, l'usage presque constant est que la dominance du verbe introducteur continue néanmoins d'être marquée par le mode infinitif, les propos étant présentés grâce à ce mode comme une mention ; le discours n'est plus enchâssé, il n'en est pas pour autant libre.

Il arrive par ailleurs que le disours indirect soit « troué » d'une ou plusieurs propositions à l'indicatif. Il s'agit alors soit d'une intervention du narrateur, qui peut, comme en (65), superposer sa voix aux paroles mêmes des énonciateurs, soit d'un passage à un quasi discours direct (mais dont les marques personnelles restent cependant celles du cadre énonciatif du locuteur) [58] ; ce genre de rupture énonciative demeure exceptionnel.

---

57. J. Humbert (1972 : 189) commente ainsi ce choix de Xénophon : « ce qu'il y a réellement dans les événements l'emporte sur la représentation que les Grecs peuvent s'en faire ».

58. Par exemple en Thucydide, VIII, 76, 5 : « A cette époque une âpre compétition était engagée : les uns [= les soldats de l'armée athénienne cantonnée à Samos] voulaient imposer la démocratie à la ville [= Athènes, où une oligarchie, les Quatre-Cents, vient de prendre le pouvoir], et les autres, l'oligarchie à l'armée ... » [L'armée démocrate de Samos tient une assemblée pour examiner la situation présente et les choix stratégiques à venir. « C'était à cause d'eux [= l'armée de Samos], qui tenaient une position avancée à Samos, qu'auparavant Athènes dominait les routes maritimes vers le Pirée [jusqu'ici, D.I. à l'infinitif] ; et maintenant ils seront en situation (νῦν

On constate aussi que les Grecs semblent parfois avoir rapporté de façon indirecte, mais « **libre** », des énoncés dont ils présentent le verbe à l'*optatif oblique*. Ces énoncés continuent en général un discours indirect dépendant, et s'ouvrent le plus souvent par la conjonction de *coordination* explicative γάρ[59]. Dans certains cas [60], on peut se demander si celle-ci n'équivaut pas à une conjonction de *subordination* causale et si l'on n'a pas en fait la poursuite du discours indirect dépendant ; mais, ailleurs, ces phrases à l'optatif constituent un assez long développement qui prend son autonomie par rapport au verbe introducteur du discours rapporté et qui n'est pas suivi d'une reprise de discours syntaxiquement dépendant. Ainsi l'orateur du discours VIII d'Isée rapporte (§ 22) :

(67) Je lui ai dit que (εἶπον ὅτι) je ferais partir (ποιήσομαι [indicatif futur]) le convoi funèbre de là, car sa sœur me l'avait demandé (δεδεημένη γὰρ εἴη [optatif oblique parfait]).

Bien loin qu'il y ait ensuite une reprise du discours indirect enchâssé, ces optatifs peuvent servir de transition avant l'énonciation d'imparfaits de statut ambigu, comme en *Anabase*, VII, 3, 13, où les Grecs délibèrent s'ils vont accepter de devenir les mercenaires du roi barbare Seuthès :

(68) Beaucoup disaient que Seuthès disait [indicatif présent] des choses avantageuses ; on était en hiver (χείμων γὰρ εἴη [optatif oblique présent]) et, même si on le voulait, on ne pouvait pas [optatif oblique présent] mettre à la voile pour rentrer chez soi ; rester en pays ami, ce n'était pas possible [61], s'il fallait vivre [optatif oblique présent] en achetant sa nourriture ; et séjourner et s'alimenter en pays ennemi était plus facile avec Seuthès que seuls. Avec tous ces avantages, si en plus on touchait [optatif oblique futur] une solde, cela *semblait* [indicatif imparfait] une aubaine (εὕρημα ἐδόκει εἶναι).

On trouve même, exceptionnellement, **des énoncés autonomes à l'optatif** qui ne sont pas introduits par la conjonction de *coordination* explicative γάρ ; ils succèdent à un D.I. dépendant qui pouvait déjà lui-même comporter des optatifs obliques, bien que cela n'ait rien de nécessaire :

καταστήσονται) [indicatif futur 3° plur], si les Athéniens ne veulent pas leur rendre le droit de cité, de pouvoir plutôt les chasser de la mer qu'en être chassés par eux. » [le D.I. à l'infinitif reprend ensuite].

59. Néanmoins, dans ces phrases explicatives en contexte de discours indirect, l'optatif est un marquage modal rare en regard des nombreuses phrases qui sont à l'infinitif (par exemple en Thucydide, VIII, 43,3 ; 48, 1 ; 63, 4 ; 86, 7 ; 88, 1).
60. Ainsi en Thucydide III, 72, 2.
61. Ici, Cobet propose de ne pas exprimer le verbe *être*, mais on le trouve à l'imparfait dans certains manuscrits et à l'optatif dans d'autres.

(69)   Il promettait qu'il ramènerait cet homme et qu'il le montrerait aux Achéens [infinitif futur] ; il *pensait* (οἴοιτο) [optatif présent] [62] le faire venir de bon gré, mais de force en cas de refus (Sophocle, *Philoctète*, 617) [63].

(70)   Théramène, se levant, déclare [présent historique] qu'il fera [indicatif futur] … ; il pensait (οἴοιτο) [optatif oblique présent] même qu'il obtiendrait [infinitif futur] quelque avantage pour la cité. (Lysias, XIII, 9).

Lysias rapporte (XIII, 78) que, lors de la guerre civile de la fin du Vème siècle à Athènes, un des chefs démocrates en lutte pour mettre fin à la tyrannie s'opposa ainsi aux exécutions qu'on envisageait prématurément :

(71)   … disant que (λέγων ὅτι) on n'était pas encore en situation (διακέοιντο) [optatif oblique présent] de châtier les adversaires politiques, mais que pour le moment, il fallait (δεῖν) [infinitif présent] se tenir tranquilles ; si on rentrait dans la ville, alors on *châtierait* (τιμωρήσοιντο) [optatif futur transposant un indicatif futur de D.D.] les coupables.

Dans le *Phédon* de Platon (95 c-d), Socrate résume le point de vue d'un autre philosophe de ses amis :

(72)   Mais de montrer que l'âme est quelque chose de résistant, de presque divin et qui existait déjà avant que nous devenions des hommes, *tu dis* que cela n'empêche en rien que tout cela ne signifie non qu'elle est immortelle mais qu'elle dure longtemps et qu'elle existait auparavant depuis un temps incalculable, avec une multitude de connaissances et d'actions. Mais en fait (ἀλλὰ γὰρ) elle n'était [indicatif imparfait] en rien davantage immortelle, et même au contraire le fait de venir dans un corps mortel était [indicatif imparfait] pour elle le début de sa perte, une sorte de maladie ; et (καί) c'est dans un état de misère qu'elle *vit* [optatif oblique présent] cette existence, et pour finir elle se *détruit* [optatif oblique présent] dans ce qu'on appelle la mort. D'autre part tu dis qu'il est indifférent …

Ici la phrase à l'optatif achève une reprise d'arguments à l'indicatif plus ou moins lâchement liés à un « tu dis » [au présent] qui, avec la longueur de l'argumentation, a dû se muer dans l'esprit de Socrate en un « tu disais » implicite.

D'un autre côté on observe quelques phrases à l'**imparfait** de l'indicatif qui transcrivent, ou plutôt *peuvent* transcrire des pensées d'un énonciateur. En

---

62.   Il n'y a aucune trace d'un segment introducteur tel que « il disait que ».
63.   On peut relever d'autres optatifs qui seuls marquent que la proposition qui les contient est discours d'autrui, mais ces îlots textuels se trouvent dans des subordonnées : une relative au vers 1247 de l'*Œdipe-Roi* (θάνοι), une conditionnelle en Sophocle, *Philoctète*, 353 (αἱρήσοιμι). Les exemples les plus nets sont à l'optatif *futur* car, en subordination, à un autre temps, la forme d'optatif pourrait être d'interprétation ambiguë.

effet, ces imparfaits, qui s'observent toujours dans une narration d'événements passés, peuvent souvent recevoir une double interprétation. Nous allons en commenter plusieurs occurrences extraites de la *Guerre du Péloponnèse* de Thucydide.

Au début du livre VIII, Thucydide rapporte les réactions des Athéniens après l'annonce de la défaite de Sicile ; il présente leurs réactions, puis leurs pensées dans un D.I. à l'infinitif ; il enchaîne ensuite sur leurs projets pour redresser la situation, en les introduisant par un ἐδόκει χρῆναι .... *il leur semblait qu'il fallait* ... (VIII, 1, 3). Thucydide voulait-il ainsi transcrire une opinion générale qu'on pourrait reformuler au D.D. (*il nous semble qu'il faut* ...), ou ἐδόκει relève-t-il strictement de sa voix de narrateur (*leur avis était qu'il fallait*) [64] ? La même question se pose avec des expressions telles que « ils soupçonnaient » (ἦσαν ὕποπτοι VI, 75, 3), « ils étaient favorables » (εὖνοι ἦσαν VI, 88, 1), « la situation des ennemis donnait encore quelque espoir » (τὰ τῶν πολεμίων ... ἐλπίδος τι ἔτι παρεῖχε VII, 48, 2). Ce sont des expressions de sentiments et nous avons vu au § 3.1. les raisons de leur ambivalence énonciative.

Un autre énoncé de Thucydide (VI, 29) commence comme un récit fait du point de vue du locuteur, qui énonce la teneur, présentée de façon narrativisée, du début d'un discours d'Alcibiade, et glisse ensuite, en cours de phrase, au discours rapporté :

(73)   Il (=Alcibiade) se défendait contre les accusations et il *était prêt* (ἐτοῖμος ἦν) [indicatif imparfait] ..., s'il *avait joué* un rôle dans cette affaire (εἰ ... εἰργασμένος ἦν) [indicatif plus-que-parfait], ... à subir un châtiment, et s'il était acquitté (εἰ ἀπολυθείη) [optatif oblique], à garder son commandement (ἄρχειν) [infinitif présent] [65].

Le « il était prêt » peut être interprété d'abord comme une simple notation factuelle du récit de l'historien, mais tend ensuite à se muer, au vu de la deuxième partie de la phrase, en propos d'Alcibiade (« il disait qu'il était prêt »).

En VII, 47, 2, des imparfaits interprétables comme du D.I.L. n'apparaissent, à l'inverse, qu'à la suite de nettes indications que la situation est envisagée du point de vue de certains énonciateurs :

(74)   Les stratèges délibéraient (ἐβουλεύοντο) [indicatif imparfait] sur ... ; ils voyaient (ἑώρων) [indicatif imparfait] en effet que leurs entreprises

---

64. Autres occurrences d'analyse semblable de ἐδόκει en VI, 88, 1 et VII, 3, 13 (= fin de l'énoncé 68). Ailleurs (VI, 24, 2 : εὖ γὰρ παραινέσαι ἔδοξε il *sembla* qu'il avait donné de bons conseils), avec l'indicatif *aoriste,* on a indubitablement et exclusivement un récit ; ce parallèle montre la réelle ambivalence de l'imparfait.
65. Alcibiade a dû dire en termes exacts : « Si je suis acquitté (ἐὰν ἀπολυθῶ), je garde mon commandement ». L. Bodin et J. de Romilly (C.U.F.) proposent de traduire « qu'on l'acquittât, il garderait son commandement » (avec des guillemets pour montrer que c'est *son* discours).

n'aboutissaient pas et que les soldats supportaient mal d'être immobilisés ; en effet la maladie les *éprouvait* [indicatif imparfait] pour deux raisons : c'était la saison dans laquelle les hommes sont le plus faibles, et l'endroit où ils campaient *était* marécageux et malsain; et pour le reste la situation leur *apparaissait* (ἐφαίνετο) [indicatif imparfait] tout à fait désespérée.

On retrouve la même ambivalence que précédemment : l'explication peut aussi bien avoir été avancée par les stratèges qu'émaner de la voix du narrateur.

Ailleurs (VI, 71, 2), c'est tout un ensemble de considérations justifiant qu'un premier engagement militaire ne soit pas suivi d'autres opérations qui est donné à l'indicatif imparfait sans aucune marque préalable du point de vue d'énonciation :

(75)   On *était* en effet en hiver (χείμων γὰρ ἦν) et il ne *paraissait* pas encore possible (οὔπω ἐδόκει δυνατὸν εἶναι) de conduire la guerre d'où on était, pas avant d'avoir fait venir de la cavalerie d'Athènes et d'en avoir recruté chez les alliés ..., pas avant d'avoir recueilli de l'argent sur place et d'en avoir fait venir d'Athènes, pas avant de s'être rallié quelques cités dont ils *espéraient* (ἤλπιζον) [indicatif imparfait] qu'elles se soumettraient plus facilement après le combat, et d'une façon générale pas avant de s'être procuré du blé et tout ce qui *était nécessaire* (ὅσων δέοι) [optatif oblique au présent] en vue d'une attaque contre Syracuse pour le printemps.

Il convient de comparer cette suite de réflexions avec celle de l'énoncé (68) : les considérations sont du même ordre, et dans les deux cas elles servent de justification au point de vue d'un groupe d'acteurs de la narration (comme le souligne le connecteur explicatif γάρ). La différence réside dans l'emploi des modes. Avec l'optatif oblique, en (68), Xénophon transpose des paroles qui ne sont plus présentes tout en gardant les temps employés par l'énonciateur et donc le point de vue de celui-ci. En (75), les explications à l'indicatif imparfait sont présentées comme passées par rapport au moment de l'énonciation et donc comme énoncées par l'historien, tout en correspondant *aussi* aux raisons stratégiques que se donnaient les Athéniens au moment des événements. L'optatif oblique qui apparaît dans la proposition subordonnée relative vers la fin du passage est d'ailleurs la marque tangible qu'au moins à cet instant-là du récit, l'énoncé présente non seulement les pensées des Athéniens, mais aussi *leur* perspective énonciative.

Il en va de même en VII, 6, 1 :

(76)   [Les Athéniens assiègent Syracuse et, pour l'affamer, sont en train de l'entourer d'un mur ; les Syracusains construisent un mur transversal pour se réserver un couloir fortifié pour communiquer avec l'arrière-pays]
Nicias et les Athéniens estimaient que, même si l'ennemi ne se décidait pas à engager le combat, il leur *était*, à eux, nécessaire [proposition infinitive] de ne pas tolérer que son mur coupât le leur. Déjà en effet (ἤδη γὰρ) l'ouvrage des ennemis *avait presque dépassé* (ὅσον οὐ παρεληλύθει) [indicatif plus-que-

parfait] l'extrémité du mur des Athéniens et, s'il progressait, cela *faisait* [indicatif imparfait] désormais le même effet pour eux (ταὐτὸν ἤδη ἐποίει αὐτοῖς) d'être constamment victorieux au combat ou de ne plus se battre.

Dans la proposition explicative qui succède au D.I. à l'infinitif, par l'usage des deux verbes au plus-que-parfait et à l'imparfait de l'indicatif, le narrateur superpose à l'énoncé des pensées des Athéniens sa propre voix d'historien pour souligner la portée effective des explications énoncées [66].

Ces imparfaits, outre leur valeur bivocale, estompent la frontière entre récit et discours ; de ce fait on les trouve préférentiellement en ouverture d'un discours indirect (73 et 75) ou à sa clôture (76). Parfois c'est même l'ensemble des propos qui se trouve ainsi narrativisé, comme en (74).

Cette porosité de la frontière entre deux énonciations, l'une actuelle, l'autre passée, s'observe aussi lorsque le discours rapporté est la simple reprise de propos déjà tenus antérieurement et dont la répétition exacte, évidente pour tout un chacun, est assumée à des fins pragmatiques diverses (argumentation, recentrage après une digression, etc.). Ainsi, cet énoncé de Platon (*Criton*, 47d) :

(77)   διαφθεροῦμεν ἐκεῖνο ... ὃ τῷ μὲν δικαίῳ βέλτιον ἐγίγνετο, τῷ δὲ ἀδίκῳ ἀπόλλυτο.

---

66.   Dans d'autres contextes, on hésite parfois si l'explicative n'est pas pur commentaire du narrateur; ainsi, en VII, 72, 3, le stratège a-t-il eu besoin de fournir les données chiffrées à son collègue ? « Il disait qu'il leur restait encore plus de navires utilisables qu'aux ennemis; et de fait aux Athéniens il en *restait* [indicatif imparfait] environ soixante, et à leurs adversaires moins de cinquante ». Dans d'autres circonstances, il faut faire attention qu'une explicative à l'imparfait peut rapporter les propos d'un énonciateur qui a évoqué par ces verbes au passé des procès antérieurs au moment de sa propre énonciation; c'est le cas en VII, 42, 3 : « Quand il vit quelle était la situation, Démosthène jugea qu'il n'était pas possible de s'attarder ni de retomber dans les mêmes difficultés que Nicias. En effet (γάρ) Nicias, d'abord redoutable à son arrivée, comme il n'*attaquait* pas [indicatif imparfait] aussitôt Syracuse mais *passait* l'hiver [indicatif imparfait] à Catane, *avait été / fut* [indicatif aoriste] mal considéré et Gylippe *l'avait gagné / le gagna de vitesse* [indicatif aoriste] en arrivant du Péloponnèse avec une armée, à laquelle les Syracusains n'auraient même pas fait appel si Nicias avait attaqué d'emblée : en effet, s'imaginant être de force par eux-mêmes, ils n'auraient connu leur infériorité qu'une fois leurs communications coupées, de sorte que même s'ils y avaient fait appel, cette armée ne leur aurait plus rendu le même service. Ainsi raisonnait Démosthène... ». L'anaphore résomptive (« Ainsi raisonnait Démosthène ») montre bien que l'ensemble de l'énoncé explicatif introduit par γάρ est la transcription des pensées du stratège Démosthène. Mais ici, l'imparfait se justifie à la fois par l'énonciation de Démosthène et par l'énonciation du narrateur. Les aoristes du grec pouvant correspondre à des situations d'antériorité relative (où le français emploierait le plus-que-parfait), ils ne permettent pas de lever l'ambiguïté.

se traduirait littéralement :

> Nous abîmerons ce qui *devenait* meilleur par la justice et *périssait* par l'injustice

alors que le sens est le suivant :

> ... ce qui [comme nous le *disions*] s'améliore par la justice et se perd par l'injustice (traduction Croiset, C.U.F.).

Il en va de même dans la *République* de Platon où, en 406d, le narrateur explique que si un médecin propose à un artisan malade des soins de longue durée, celui-ci « a tôt fait de dire qu'il n'a pas le loisir d'être malade et qu'il n'y a pas d'avantage à vivre comme cela » ; par conséquent l'artisan ne se soucie pas de ce qu'a dit le médecin et continue à travailler jusqu'à ce qu'il guérisse ou qu'il meure ; son interlocuteur convient alors qu'un artisan n'a pas d'autre choix ; le narrateur reprend :

(78)   N'est-ce pas parce que [comme nous le *disions*], il a sa tâche et que faute de l'accomplir, il n'a pas d'avantage à vivre ? [littéralement : parce qu'il *avait* sa tâche et que faute de l'accomplir, il n'*avait* pas d'avantage à vivre (οὐκ ἐλυσιτέλει ζῆν)].

On peut déduire de l'étude de ces énoncés, ainsi que des emplois de l'optatif et de l'indicatif imparfait en discours indirect dépendant, que le grec ancien pouvait exprimer l'opposition de deux situations énonciatives : en employant l'indicatif imparfait, le narrateur reste dominant ; il *laisse entendre* les propos de l'énonciateur sans les *donner à écouter comme parole* ; il n'y pas donc pas de double énonciation mais un *effet* de bivocalisme *pour le lecteur ou l'auditeur*. A l'inverse, avec l'optatif oblique, le locuteur donne à entendre les propos de l'énonciateur comme parole intégrée dans son récit, donc avec marquage d'une double énonciation.

3.3. Propos rapportés en récit historique latin

Pour le latin, nous emprunterons nos exemples à l'*Histoire Romaine* de Tite-Live ; on étudiera particulièrement le rôle de l'imparfait et du plus-que-parfait de l'indicatif en comparaison avec ce qui vient d'être dit pour le grec.
Pour rapporter le discours d'autrui dans son récit, Tite-Live use alternativement des trois formes mises à sa disposition par la langue latine : le discours direct, qui provoque une rupture dans le système de la référenciation énonciative, le discours indirect enchâssé, qui au contraire conserve parfaitement le repérage initial de la narration et le discours indirect libre qui instaure une sorte de compromis entre les deux précédents. La distribution de ces trois formes ne se fait sans doute pas au hasard :

(79)   *Primi Alexandrini legati ab Ptolemaeo <et> Cleopatra regibus uocati sunt. Sordidati,*
       barba et capillo promisso, cum ramis oleae ingressi curiam procubuerunt et oratio quam
       habitus fuit miserabilior : 'Antiochus Syriae rex, qui obses Romae fuerat, per honestam
       speciem maioris Ptolemaei reducendi in regnum bellum cum minore fratre eius, qui tum
       Alexandriam **tenebat**, *gerens et ad Pelusium nauali proelio <superior>* **fuerat** *et (...)*
       cum exercitu obsidione ipsam Alexandriam **terrebat**, *nec procul abesse quin poteretur regno*
       opulentissimo **uidebatur***. Ea legati querentes orabant senatum ut opem regno regibusque*
       amicis imperio ferrent (XLIV, 19, 6-10) [en gras, les imparfaits et plus-que-parfait
       du D.I.L.]
       Les ambassadeurs d'Alexandrie envoyés par le roi Ptolémée et la reine
       Cléopâtre furent les premiers à être convoqués. Sales, la barbe et les cheveux
       défaits, ils entrèrent dans la curie en tenant des rameaux d'olivier, s'inclinèrent
       et tinrent un discours plus pitoyable encore que ne l'était leur tenue : le roi
       Antiochus de Syrie, qui avait été otage à Rome, sous le prétexte honorable de
       restaurer Ptolémée l'aîné sur son trône, faisait la guerre au frère cadet de celui-
       ci qui *tenait* alors Alexandrie : il *avait remporté* une victoire navale devant
       Pelusium, (...), *menaçait* la ville d'Alexandrie elle-même en l'assiégeant avec ses
       troupes et ne *semblait* pas loin de s'emparer de ce très puissant royaume. Tout
       en exprimant ces plaintes les ambassadeurs suppliaient le sénat romain de
       porter assistance à un royaume et à des souverains amis.

Ainsi les quelques phrases de l'exemple ci-dessus font immédiatement
suite à un discours du consul Paulus qui était rapporté, lui, dans un cadre
syntaxique subordonné. Le contraste entre les deux passages suggère que la
subordination est retenue par le narrateur quand le discours rapporté offre un
ton neutre et objectif, susceptible de s'intégrer à la narration et donc d'être pris
en charge par l'historien dans le cadre d'une structure énonciative homogène, à
l'opposé du discours indirect libre qui permet de faire entendre la voix de l'autre
quand ses propos comportent des éléments subjectifs, voire affectifs, faisant
obstacle au processus d'homogénéisation par le narrateur. Révélateur à cet égard
nous paraît être l'adjectif *miserabilior* « plus pitoyable » qui introduit et qualifie le
discours rapporté des ambassadeurs d'Alexandrie ; or cet adjectif se retrouve
aussi dans l'exemple suivant :

(80)   *Campanis deinde senatus datus est, quorum oratio* **miserabilior**, *causa durior erat. Neque*
       enim meritas poenas negare **poterant** *nec tyranni* **erant** *in quos culpam conferrent, sed satis*
       pensum poenarum - (...) - **credebant** *(...)* (XXVI, 33, 1-2)
       Une audience du sénat fut accordée aux Campaniens, dont le discours était
       vraiment pitoyable et la cause vraiment difficile. Ils ne *pouvaient* nier, c'est vrai, que
       leur châtiment fût mérité et ils n'avaient pas de tyrans sur lesquels rejeter la
       faute ; mais ils *pensaient* que le poids de leurs peines était désormais suffisant
       (...).

On remarque qu'en latin comme en français [67] les passages de discours indirect libre se rencontrent souvent à la charnière entre la narration et une autre forme de discours rapporté. Cette facilité à assurer la transition entre deux modes énonciatifs est sans doute un bon indice du caractère bivocal de la forme étudiée. Dans l'exemple ci-dessus (XXVI, 33, 1-2), le discours rapporté d'abord de manière libre avec des imparfaits de l'indicatif se poursuit avec des propositions infinitives : le D.I.L. conduit donc du récit au discours indirect subordonné ; dans l'exemple suivant (V, 24, 6), c'est l'inverse : le D.I.L. ramène du discours indirect subordonné au récit en réintroduisant les temps de la narration en lieu et place des infinitifs :

(81) *Ea largitio sperni coepta quia spei maioris auertendae solatium obiectum censebant :* 'cur enim relegari plebem [proposition infinitive] *in Volscos, cum pulcherrima urbs Veii agerque Veientanus in conspectu sit, uberior ampliorque Romano agro ? Vrbem quoque urbi Romae uel situ uel magnificentia publicorum priuatorumque tectorum ac locorum* **praeponebant**' [imparfait de l'indicatif en D.I.L.]. *Quin illa quoque actio mouebatur* [imparfait de l'indicatif en récit] *(...)* (V, 24, 5-6)
Cette largesse ne tarda pas à être dédaignée parce qu'ils pensaient qu'on leur jetait cette consolation pour écarter de plus grandes ambitions : 'pourquoi, en effet, reléguer la plèbe chez les Volsques quand on avait sous les yeux la magnifique ville de Véies et ses campagnes, plus fertiles et plus vastes que celles de Rome ? Ils *plaçaient* même la ville devant celle de Rome tant en raison de sa position que de la magnificence des bâtiments et des lieux publics et privés'. On agitait même cette question (…).

En XLII, 49, 7 le discours indirect libre permet une transition en douceur entre des pensées rapportées à l'infinitif et au subjonctif présents dans la mesure où elles expriment des considérations à portée générale et le retour au récit passé ; se trouve ainsi évitée la confrontation brutale entre deux systèmes de repérages énonciatifs totalement hétérogènes :

(82) [Le consul Licinius quitte Rome en grande pompe pour porter la guerre contre le roi Persée ; la foule lui fait cortège, agitant - comme toujours en ce cas - divers espoirs et inquiétudes]
Subit deinde cogitatio animos, qui belli casus, quam incertus fortunae euentus communisque belli sit, aduersa secundaque, quae[que] inscitia et temeritate ducum clades saepe acciderint, quae contra bona prudentia et uirtus attulerit. Quem scire [infinitif présent] *mortalium utrius mentis, utrius fortunae consulem ad bellum mittant* [subjonctif présent] *? (...) Persei autem regi, aduersus quem* **ibatur** [indicatif imparfait], *famam et bello clara Macedonum gens et Philippus pater (...)* **praebebat** [indicatif imparfait]. *(…) Cum his cogitationibus omnium ordinum homines proficiscentem consulem prosecuti sunt* [indicatif parfait] (XLII, 49, 1-8)
Ils se prennent ensuite à songer aux hasards de la guerre, à l'incertitude du sort et aux caprices de Mars, aux revers et aux succès, aux défaites qui proviennent

---

67. Voir ici même l'article de S. Mellet, § 1.3.

souvent de l'ignorance et de la témérité des généraux, aux avantages qu'apportent au contraire la prudence et le courage. Y a-t-il un homme capable de savoir lequel de ces deux caractères, lequel de ces deux sorts sera celui du consul qu'on envoie en guerre ? (…) Or le roi Persée, contre lequel on *marchait, devait sa célébrité* à la fois à la renommée guerrière du peuple macédonien et à son père Philippe (…). C'est avec de telles pensées que les citoyens de tous les ordres escortèrent le consul à son départ.

Une telle aptitude à fondre le discours rapporté dans le récit n'est évidemment pas sans risque : elle est parfois source d'ambiguïtés difficiles à lever. C'est pourquoi sans doute Tite-Live prend souvent soin d'encadrer le discours rapporté par des éléments cataphoriques et anaphoriques qui en délimitent très précisément les frontières : ainsi, dans le dernier exemple cité, on relève *Cum his cogitationibus* « Avec de telles réflexions » (conclusif) faisant écho à *Subit deinde cogitatio animos* « Ils se prennent à songer » (introductif) ; en XLIV, 19, 10 (premier exemple cité) on note un *Ea (…) querentes* « tout en exprimant ces plaintes » qui clôt fermement le discours « pitoyable » des députés alexandrins ; enfin, dans le passage suivant, où la citation est extraite d'une lettre, le discours rapporté en style indirect libre (plus-que-parfait et imparfait de l'indicatif) est clairement enserré entre un *litteris cognitum est* « On apprit par une lettre » et un *eadem et Sardorum legati nuntiabant* « Les ambassadeurs sardes étaient porteurs des mêmes nouvelles » :

(83)   *Eodem tempore et in Sardinia magnum tumultum esse litteris T. Aebuti praetoris cognitum est (…). Ilienses adiunctis Balarorum auxiliis pacatam prouinciam* **inuaserant** [plus-que-parfait] *nec eis inualido exercitu et magna parte pestilentia absumpto resisti* **poterat** [imparfait]. *Eadem et Sardorum legati nuntiabant orantes ut (…) opem senatus ferret* (XLI, 6, 5-7)
A la même époque, on apprit par une lettre du préteur T. Aebutius que de grands désordres s'étaient produits également en Sardaigne. Les Iliens, avec l'aide d'auxiliaires fournis par les Balari, *avaient envahi* une province pacifiée et l'on ne *pouvait* leur opposer de résistance compte tenu de la faiblesse de l'armée et du fait qu'une épidémie l'avait en grande partie décimée. Les ambassadeurs sardes étaient porteurs des mêmes nouvelles, suppliant le sénat de leur porter secours.

Le discours indirect libre est donc bien cette « forme bivocale » qui introduit subtilement l'hétérogénéité énonciative dans un texte dont elle sauvegarde cependant parfaitement la cohésion. Or, à l'examen des exemples précédents, on constate que cette fonction est assumée, en latin, par les seuls imparfaits et plus-que-parfaits de l'indicatif : le latin ne possède pas, en effet, de mode optatif et, parmi les autres prétérits de l'indicatif, le parfait est exclu ; il est donc probable que la possibilité d'assumer ce rôle dépend exclusivement du signifié de ces deux prétérits, et notamment de ce qu'ils ont en commun, c'est-à-dire du signifié du morphème –Ā-. Ce morphème, que l'on retrouve aussi dans certaines formes de subjonctif, et que Benveniste fait précisément remonter à un optatif indo-européen, exprimerait donc fondamentalement la dépendance du procès : tel était bien, on l'a vu, l'un des signifiés de l'optatif grec [68], que l'on retrouve dans l'imparfait et le plus-que-parfait latins : un procès décrit à l'imparfait ou au plus-que-parfait est saisi à partir d'un point de vue secondaire et sa construction est donc dans la dépendance d'un point de repère passé, fourni par le contexte et translaté par rapport au *hic et nunc* de l'énonciation [69]. Cette dépendance, de nature aspectuelle plutôt que modale ici (saisie interne du procès), est exploitable en contexte de dépendance énonciative.

Si l'on tente de récapituler les usages des différentes langues étudiées ici, on observe donc que, dans un contexte de discours rapporté passé :

–   dans les subordonnées déclaratives, le grec homérique ne connaissait pas l'optatif oblique, mais recourait volontiers à l'imparfait de l'indicatif dit « de concordance » ;
–   le grec classique a développé l'usage de l'optatif oblique comme mode de translation énonciative donnant à écouter l'énonciateur premier [70] et a donc réservé l'emploi de l'imparfait aux cas où le locuteur mettait en avant son propre rôle assertif ;
–   le latin classique pratiquait normalement la subordination à l'infinitif et au subjonctif lorsque le locuteur prenait en charge le discours rapporté pour l'intégrer à sa propre énonciation, mais recourait à l'imparfait de l'indicatif dans le cadre d'une mimésis qui voulait donner plus de présence à la voix de l'énonciateur.

---

68.   Cf. le paragraphe précédent. Rappelons que, selon L. Basset (voir note 53), l'optatif oblique est utilisé pour souligner une **dissociation énonciative**. L. Basset (1986) observe que chez Thucydide l'emploi de l'optatif correspond à une représentation plus subjective des faits : « Ce qui est rapporté est alors moins un énoncé matériel ou son contenu objectif qu'une énonciation » (p. 96) ou encore « L'optatif oblique isole un point de vue : jugement personnel opposé au jugement qui s'impose, argument personnel opposé à l'argument naturel (...) » (p. 110). Et de conclure que l'emploi de l'optatif oblique chez Thucydide est loin d'être anarchique ou aléatoire.
69·   Cf. S. Mellet (1998). Cette valeur de l'imparfait explique aussi qu'il soit le temps privilégié des focalisations narratives : il s'agit alors d'attribuer au personnage des représentations plutôt que des pensées ou des paroles ; c'est encore une façon de décrire la réalité indirectement, mais est-ce encore du discours indirect libre ? Nous avons choisi de répondre par la négative (cf. la conclusion du § 2), bien qu'on semble avoir affaire là à un continuum des modalités énonciatives manifesté, entre autres, par le recours à des morphèmes temporels identiques. Sur ce point voir S. Mellet 1987, chapitre 9 notamment.
70·   Dans un discours qui reste homogénéisé du point de vue du locuteur, le propos de l'énonciateur étant « dé-réalisé » par l'emploi de l'optatif.

Entre grec classique et latin classique, on note par conséquent un parallélisme de fonctionnement qui rapproche l'optatif oblique de l'un et l'indicatif imparfait de l'autre : ces deux formes ont pour fonction d'affirmer le caractère bivocal de la situation énonciative en promouvant, par le biais de la translation dans le passé, la voix de l'énonciateur premier. Ce parallélisme prend appui sur la parenté morphologique signalée au paragraphe précédent ; il confirme que les langues classiques ont remodelé, chacune à leur façon, le système verbal indo-européen : l'optatif a pris, en grec classique, des fonctions qu'il ne connaissait pas à l'époque homérique et le latin a créé un nouvel imparfait – non hérité comme tel de l'indo-européen – dont les fonctions modalisantes sont beaucoup plus larges que celles de l'imparfait grec classique.

4. Conclusion générale

Quand les Anciens recouraient au D.I.L. dans un texte littéraire, c'était, semble-t-il, à deux fins :

– l'une stylistique : il s'agissait d'animer le discours ou le récit en y intégrant quelque chose de la parole vivante d'autrui sans toutefois lui créer un espace énonciatif propre comme le fait le discours direct ;
– l'autre argumentative : il s'agissait alors d'appuyer le discours primaire sur les propos prononcés par autrui ou prêtés à autrui, soit pour les contester, soit pour étayer la démonstration en cours.

De ce fait, le linguiste doit recenser les marques de l'hétérogénéité énonciative, selon deux axes :

- relever les traces de l'acte même de l'énonciation secondaire dans le discours homogénéisé du locuteur. Nous avons vu à plusieurs reprises dans cet article que la reprise en D.I.L. concerne non pas seulement le contenu de l'énoncé, mais encore l'acte illocutoire de l'énonciateur ; le bivocalisme est alors superposition de modalités énonciatives.
- relever les marques de la portée argumentative de la reprise : nous avons suggéré que certains connecteurs avaient une fréquence remarquable en contexte de D.I.L. ; il resterait néanmoins à systématiser ces observations en leur donnant une assise statistique plus solide et en justifiant de telles préférences d'emploi par l'analyse des opérations énonciatives sous-jacentes à l'emploi de ces marqueurs.

Quoi qu'il en soit, l'ensemble des indices récurrents associés au D.I.L. dans les textes grecs et latins manifeste clairement que le discours indirect libre est d'abord et avant tout un jeu subtil d'exhibition et de dissimulation de l'altérité énonciative.

Références

Authier, J. (1995). *Ces mots qui ne vont pas de soi*, Paris : Larousse, 2 volumes.

Bally, Ch. (1930). Antiphrase et style indirect libre, in : *Grammatical Miscellany offered to Otto Jespersen on his seventieth Birthday*, Londres : s.n., 331-340.

Basset, L. (1982). L'optatif grec et la dissociation énonciative, *Lalies* 4 : 53-60.

Basset, L. (1986). La représentation subjective d'un point de vue passé. L'optatif oblique dans les complétives déclaratives chez Thucydide, in : S. Remi-Giraud ; M. Le Guern, (éds.) *Sur le verbe*, Lyon : Presses Universitaires, 91-114.

Bayet, J. (1931 ; 1932). Le style indirect libre en latin, *Revue de Philologie* 5 : 327-342 et 6 : 5-23.

Calboli, G. (1966). I modi del verbo greco e latino, *Lustrum* 11 : 287-288.

Cerquiglini, B. (1984). Le style indirect libre et la modernité, *Langages* 73 : 7-16.

Chantraine, P. (1963). *Grammaire homérique*, Paris : Klincksieck.

Denniston J.D. (1959²). *The Greek Particles*, Oxford : Clarendon.

Goodwin, W. W. (1966). *Syntax of the Moods and Tenses of the Greek Verb*, Londres / Melbourne / Toronto : Macmillan.

Hirsch, M. (1980). La question du style indirect libre, in : A. Joly, (éd.), *La psychomécanique et les théories de l'énonciation. Actes de la table ronde tenue à Lille les 16 et 17 mars 1979*, Lille : P.U.L., 91-104

Humbert, J. (1972). *Syntaxe grecque*, Paris : Klincksieck.

Jaubert, A. (1990). *La lecture pragmatique*, Paris : Hachette (HU Linguistique).

Kroon, C. (1991). Discourse connectives and discourse type : the case of Latin *at*, in : J. Herman (éd.) *Linguistic Studies in Latin*, Amsterdam / Philadelphia : Benjamins, 303-317.

Marnette, S. (1996). Réflexions sur le discours indirect libre en français médiéval, *Romania* 114 : 1-49.

Maurel, J.-P. (1979). Quelques problèmes concernant la forme et l'interprétation des systèmes hypothétiques en latin, *Cahiers de grammaire*, Univ. de Toulouse le Mirail, 1 : 5-42.

Mellet, S. (1987). *L'imparfait de l'indicatif en latin classique*, Paris / Louvain-la-Neuve : Peeters.

Mellet, S. (1998). Imparfait et discours rapporté, in : *Etudes luxembourgeoises* vol. 1 (*Oratio soluta, Oratio numerosa*), Luxembourg : Centre Alexandre Wiltheim, 116-125.

Mellet, S. ; Joffre, D. ; Serbat, G. (1994). *Grammaire fondamentale du latin. Le signifié du verbe*, Paris / Louvain-la-Neuve : Peeters.

Orlandini, A. (1994). « Si non eo die, at postridie » : une analyse pragmatique du connecteur latin « at », *LALIES* 14 : 159-175.

Perret, M. (1997). Le discours rapporté dans « Le bel inconnu », *L'Information grammaticale* 72 : 13-17.

Nølke, H. (1988). Peut-être, *Verbum*, 11 : 13-43.

Vairel, H. (1978). Du subjonctif *aoristique* au subjonctif parfait de moindre actualisation, *Revue de Philologie*, 52 : 308-330.

Vairel, H. (1979). Moindre actualité et moindre actualisation : sur l'emploi modal des formes verbales du passé en anglais, français et latin ; le problème de l'optatif grec, *Revue Roumaine de Linguistique* XXIV, 6 : 563-584.

Vairel, H. (1980). Le subjonctif de moindre actualisation dans les comédies de Plaute et de Térence, *Revue de Philologie*, 54 : 122-138.

Vuillaume, M. (1996). « Les variétés de discours indirect libre », *Travaux du cercle de linguistique de Nice*, n° 18, 1996 : 51-67.

Le discours indirect libre
Dire et montrer : approche pragmatique

Anna JAUBERT

Université de Nice-Sophia Antipolis – UPRESA « Bases, Corpus et Langage »

1. Le champ du discours rapporté

La multiplicité des questions que soulève le discours indirect libre, significative-ment appréhendé d'abord dans un ordre de régulations extérieur au domaine grammatical [1], et appelé *style indirect libre* [2], s'explique certes par une double ap-partenance disciplinaire. Il draine des réflexions sur le texte littéraire, et notam-ment sur ce qu'il est convenu d'appeler polyphonie, intertextualité, et que les linguistes problématisent en termes de plans d'énonciation et de plans d'énoncé : méthodes d'analyse et point de vue conditionnent l'objet d'étude, le phénomène est bien connu. Mais il ne doit pas faire oublier un statut problémá-tique intrinsèque, la difficulté à cerner le DIL dans son existence même, diffi-culté issue d'une indécidabilité formelle [3], et débouchant sur une dilution du concept. Ainsi se pose la question des *limites* du discours indirect libre.

Faut-il l'inscrire dans le champ du *discours rapporté* dont il représenterait une émergence possible, une étape (timide !) de l'actualisation énonciative ? [4] Faut-il encore l'étendre aux manifestations d'un discours intérieur, dégradé en flux de conscience ? Les phrases littéralement indicibles [5] représentent alors des phrases non dites, et de proche en proche, plus rien ne différenciera le DIL du discours lisse d'un narrateur [6]. J'en veux pour exemple le passage suivant d'*Aurélia*, qui relate une visite de Nerval à l'un de ses amis malade :

---

[1] Pour l'historique de cette notion, et celle de la dichotomie initiale DD / DI, on se reportera à la synthèse de L. Rosier (1998) dans ce volume.

[2] Dans cet esprit, M. Juillard (« Les Huns sont-ils entrés à cheval dans la bibliothèque ? Ou les libertés du style indirect libre ») et M. Vuillaume (« La signalisation du S.I.L. ») renouent ici même avec cette étiquette.

[3] J. Authier (1993 : 14) rappelle à juste titre que l'hétérogénéité des voix est là « purement interprétative ».

[4] Dans ce cas, évidemment, on donne à *discours rapporté* son acception large, englobant *tous les modes de représentation dans un discours d'un autre acte d'énonciation*.

[5] Les « unspeakable sentences » d'A. Banfield (1982).

[6] Réciproquement, l'émancipation narrative de certains monologues intérieurs (non pris en charge par le narrateur), nous ramène à la frontière du *discours direct libre*. Certes, « L'histoire du monologue intérieur reste à faire » et sans doute correspond-il à un mode d'énonciation particulier (A. Joly 1987 : 102-103). Pour l'état des lieux d'une question en suspens, voir L. Rosier (1998 : 271-278).

J'entrai dans une chambre d'hospice, blanchie à la chaux. Le soleil découpait des angles joyeux sur les murs et se jouait sur un vase de fleurs qu'une religieuse venait de poser sur la table du malade. *C'était presque la cellule d'un anachorète italien.* Sa figure amaigrie, son teint semblable à l'ivoire jauni, relevé par la couleur noire de sa barbe et de ses cheveux, ses yeux illuminés d'un reste de fièvre, peut-être aussi l'arrangement d'un manteau à capuchon jeté sur ses épaules, en faisaient pour moi un être à moitié différent de celui que j'avais connu [...]. *Il me raconta comment il s'était vu, au plus fort des souffrances de son mal, saisi d'un dernier transport qui lui parut être le moment suprême.* Aussitôt la douleur avait cessé comme par prodige. — Ce qu'il me raconta ensuite est impossible à rendre : un rêve sublime dans les espaces les plus vagues de l'infini, une conversation avec un être à la fois différent et participant de lui-même et à qui, se croyant mort, il demandait où était Dieu. « Mais Dieu est partout, lui répondait son esprit ; il est en toi-même et en tous [...] »

Je ne puis citer autre chose de cette conversation, que j'ai peut-être mal entendue ou mal comprise. Je sais seulement que l'impression en fut très vive. (*Aurélia*, seconde partie, I, Pléiade, p. 388)

Ces lignes illustrent bien la porosité des frontières dans l'expression de l'hétérogénéité énonciative [7] ; elles rappellent à la surface le thème filé de l'œuvre, l'autonomie problématique du sujet parlant, la conscience fusionnelle, hypostases de la pensée swedenborgienne. À cette enseigne, il n'est pas interdit d'interpréter l'énoncé évaluatif : « C'était presque la cellule d'un anachorète italien », comme une réflexion du temps de la visite, de supposer donc un fugitif clivage de la voix narrative, en d'autres termes *un DIL sans effet de contraste* (l'imparfait s'enchaîne ici aux imparfaits descriptifs qui précèdent), véhiculant une *pensée rapportée* que la suite confirmerait (« [...] en faisaient pour moi un être à moitié différent de celui que j'avais connu »). Pour autant, on ne peut nier *une différence de lisibilité* avec la gamme des reports de voix qui suivent. À partir du milieu du fragment : « Il me raconta comment il s'était vu, au plus fort des souffrances de son mal... », se développe *explicitement* le récit d'une conversation, *jalonné de verbes de parole*, et qui décline plusieurs états d'actualisation énonciative :

1.   le degré zéro, et même au-dessous, du résumé en substance [8], accordé à des propos « impossible[s] à rendre », DI de l'interrogative indirecte en *comment* (qui par rapport au jonctif *que* produit encore un effet de lissage) ;

---

7   A. Jaubert (1997 : 17-31).
8   Ou « discours narrativisé », que les linguistes situent sur la frange tantôt interne tantôt externe du DR. (voir notamment J. Authier 1993, M.-M. de Gaulmyn 1989, L. Rosier 1998).

2. au pôle opposé, des bribes de DD, fidèle aux embrayeurs de l'interlocution et aux marques du dialogue (on note un « mais » spécifique, dit démarcatif d'intervention) ;
3. en situation intermédiaire surgit un DIL, « lui répondait son esprit », qui n'exclut pas une condensation, et donc une reformulation du DD encadré.

Notons que ce DD est en situation d'insertion seconde (une conversation rapportée à l'intérieur d'une conversation rapportée) et que le narrateur n'en garantit pas l'exactitude ! Quant à l'énoncé : « Aussitôt la douleur avait cessé comme par prodige », il peut-être reconnu comme DIL encore, dans le sillage du verbe « raconta », et prolongeant le *décrochement énonciatif* marqué par le plus-que-parfait.

Si des incertitudes demeurent dans cette seconde partie, elles n'affectent pas le même niveau du discours : *ici on joue sur la lettre de propos dont il est bien dit par ailleurs qu'ils ont été tenus.* Dans le fragment précédent (« c'était presque la cellule d'un anachorète italien »), *c'est l'existence même d'une autre énonciation, virtuelle, qui est incertaine.* Il faut donc à mon sens sérier les problèmes, distinguer le DIL des pensées plus ou moins verbalisées et autres manifestations d'un « point de vue » [9].

Pour des raisons heuristiques, tenant compte de la différence soulignée, j'inscris le DIL dans le rayon d'action du DR, *comme dire et comme montrer*, c'est-à-dire comme stratégie de report de voix, et comme stratégie modalisatrice de ce report. On sait qu'entre transparence et opacité tous les énoncés exhibent à part notoirement inégale du dire et du montrer, ou, si l'on veut, un contenu propositionnel et un degré d'adhésion de l'énonciateur à ce contenu [10]. Dans une *marge d'exploitation caractéristique du texte littéraire*, ce degré d'adhésion peut affecter la zone utile du DR : il fait alors remonter des propos dont l'énonciation est peu plausible (ou impossible) dans les limbes de l'informulé, laissés à la discrétion d'un narrateur omniscient. L'omniscience se normalisant dans les récits à la première personne, le décalage entre pensée d'autrefois et commentaire de la narration se trouve effacé, comme on l'a vu au début du passage cité. L'incertitude est le résultat naturel de deux conditions préacquises : l'identité de la personne et l'informulation du propos. Dans le récit à la troisième personne, l'incertitude a des chances d'être contextuellement levée, l'omniscience devient convention et propose un *effet d'empathie*. Avec le DIL, perçu comme report d'un acte d'énonciation par un autre, l'effet d'empathie se problématise : dans la mesure où il ne présuppose pas de milieu transparent, il se présente comme *une renégociation du discours qui résorbe l'écart, non plus de deux espaces mentaux, mais de deux espaces énonciatifs.* Ce critère des espaces énonciatifs est capital pour déterminer la faille, et apprécier une visée pragmatique de l'effet d'altérité [11]. Les phénomènes

---

9   Cf. A. Rabatel (1998).
10 A. Jaubert (1990, Chapitre IV).
11 Les Anciens marquaient différemment le dédoublement du raisonnement à voix haute et le dialogisme polémique (cf. S. Mellet et M. Biraud, ce volume, § 2.1.).

sont contigus, mais le flux de conscience n'est pas un dire, il n'actualise pas un espace énonciatif, et par conséquent il n'affiche pas au même tableau que le DIL la résorption d'un écart [12]. S'il doit encore relever du discours rapporté, c'est du discours rapporté montré tel (par son contenu, par sa situation) que sa crédibilité n'est sauvée qu'au prix de sa virtualisation. Or la virtualisation à son tour permet d'entrer dans une autre logique, de croiser des univers de croyance, d'inscrire une hétérogénéité cognitive [13]...

Ces considérations visent à promouvoir une approche pragmatique du DIL où l'hétérogénéité énonciative, venant à effacer ses marques, se laisse pressentir sur des signaux, et surtout se lit à partir d'*une valeur illocutoire* : c'est elle qui, à mon sens, bloque le passage à l'hétérogénéité constitutive (*voir infra*). Le DIL se reconnaît en somme de façon rétroactive, lorsque l'on a implicitement répondu à la question *Que fait-on faire au DIL de sa liberté* ? Sagesse ou simplicité biblique : tu ne me chercherais pas si tu ne m'avais déjà trouvé... Voire. Pour éviter le soupçon d'une démarche circulaire, il convient d'examiner les conditions d'insertion du DIL dans un discours porteur, les différences entre le canonique milieu narratif [14], et un milieu qui est *déjà* du « discours ». C'est à ce dernier que je m'attacherai avec des analyses d'exemples, et une réflexion sur les options variables en matière d'indices. Entre ambiguïtés maintenues et moyens disponibles pour les lever, on décèlera les propensions illocutoires d'un mode de report des voix.

2. Le sens d'une étiquette : le DIL, libre et indirect

Si le DIL a pu longtemps faire office de catégorie résiduelle, fourre-tout accueillant toutes les formes mixtes [15], c'est que l'appellation elle-même empile les significations. L'adjectif *libre* a d'abord eu le sens purement formel, grammatical, de *non subordonné* ; mais dans les faits il glisse insensiblement vers une *caractérisation du contenu*, réinterprété, affranchi du mot à mot, comme il sied à une « traduction libre ». Cette acception-là est beaucoup plus molle, puisque les autres formes de DR sont, en matière d'authenticité, également sujettes à caution (de l'aveu même parfois des « rapporteurs », voir l'exemple de Nerval ci-dessus « je ne puis citer autre chose de cette conversation, que j'ai peut-être mal

---

[12]   Ce paramètre de la résorption d'un écart conditionne la perception du DIL : ce n'est pas un hasard s'il est apparu dans la littérature grammaticale comme le prototype des « formes mixtes », pêle-mêle rangées sous sa bannière. Ce point noté, on peut aussi admettre avec L. Rosier (1998 : 63) « autant de DIL que de pratiques d'écrivains, et de modes [...] d'analyse proposés par les linguistes et les narratologues ».

[13]   Qui, par dérision, peut prendre des formes caricaturales (cf. l'analyse de « le chat prenait l'argent », A. Jaubert 1997 : 20-22).

[14]   Auquel s'attache M. Vuillaume (ce volume, « La signalisation du SIL »).

[15]   L. Rosier (1998) consacre un développement intéressant à la gamme des formes mixtes.

entendue ou mal comprise », ainsi que l'enquête de D. O'Kelly 1997 [16]) ; la différence est qu'elles n'ont pas de *marge* pour le montrer. J'inscrirais donc un troisième emploi de *libre*, celui de *ouvertement* distancé.

Le DIL cumule ainsi deux fonctions : en tant que discours (rap)porté, il *dénote* des propos imputés, ou imputables, à une autre énonciation. Mais en estompant ses marques, et par là ses contours, il *connote* une altérité phagocytante, l'inscription insidieuse de l'hétérogénéité énonciative [17] : *le DIL est une hétérogénéité montrée, mais fluidifiée, à la fois fragilisée et pénétrante, ouvrant dans le discours une aire de soupçon* [18]. Il y a là une visée pragmatique à explorer, autrement dit un faisceau possible de valeurs illocutoires. Comme les valeurs illocutoires ne sont assignables qu'en situation de communication (réelle ou feinte), une première distinction me paraît s'imposer, et c'est l'adjectif *indirect* qu'il faut maintenant considérer.

Dans un environnement narratif, le DIL pressenti apparaît comme une formulation paradoxale, un discours privé des marques du discours, aligné sur le repérage du récit (autrement dit « débrayé » par rapport à la supposée situation d'origine) : la translation de la prise en charge est alors favorisée par l'imparfait. L'indirection se mesure ici par l'attraction du discours dans un milieu hétérogène, discours « oblique » au sens physique du terme, réfracté par le discours porteur [19]. L'indétermination de la prise en charge est un moyen plutôt qu'une fin, ce qu'on apprécie surtout est le degré d'adhésion que le narrateur peut glisser dans cette fusion forcée, ce dire contre-nature. Ici interviennent des considérations esthétiques plus générales sur le traitement et la réception de l'omniscience. Précisons toutefois que cette attraction n'est pas en droit limitée au champ narratif, même si en fait elle y connaît ses développements les plus spectaculaires. Le discours ordinaire aussi peut présenter des « assimilations douteuses ». Jusqu'où relèvent-elles encore du DIL ?

3. Le DIL et l'environnement discursif

On observera quelques exemples manifestement inscrits dans des situations aux tonalités et aux enjeux différents.

---

16 D. O'Kelly (1997), développe la thèse que le DD rapporte rarement des propos « prononcés ou entendus tels que le locuteur les rapporte », c'est une forme qui synthétise avec une prime à l'expressivité, au besoin acquise par reformulation.

17 Un concept dont J. Authier a bien dégagé au fil de ses travaux le caractère opératoire (cf. notamment J. Authier 1981, 1984 et 1995).

18 Quant à *L'ère du soupçon* de N. Sarraute, elle malmène systématiquement la convention romanesque du discours attribué en éludant tout signalement du discours d'autrui.

19 L'appellation, plus neutre que celle de discours citant, ne présume d'aucune fidélité à un propos préexistant (Jaubert 1997 : 21).

3.1. Disputes à la Marivaux

Lorsque l'on dit du DIL qu'il est une forme purement interprétative, on impute nécessairement sa reconnaissance à des pararamètres extra-linguistiques. Le contexte, et notre connaissance des comportements humains, sont les piliers d'une compétence encyclopédique d'autant plus efficace que le contexte est immédiat. À ce titre, le dialogue théâtral est un bon observatoire pour le jeu de la reformulation. Un jeu qui naturellement se fait tendancieux dans le cadre des disputes. On sait l'attention accordée à l'adéquation des mots dans le théâtre de Marivaux, adéquation aux choses et adéquation à une *image de l'énonciateur*, réévaluée par l'incertitude qui pèse sur les identités. La question-clé du *Jeu de l'amour et du hasard* : « Dis-moi qui es-tu toi qui me parles ainsi ? » (I, 7) sous-tend les échanges : elle peut se redécliner en « qui je veux être pour toi » [20]. Ainsi des explications de Lisette à Monsieur Orgon, perplexe devant la mine triste de sa fille :

> Lisette. — Monsieur, un visage qui fait trembler, un autre qui fait mourir de froid, une âme gelée qui se tient à l'écart, et puis le portrait d'une femme qui a le visage abattu, un teint plombé, des yeux bouffis et qui viennent de pleurer ; voilà, Monsieur, tout ce que *nous* considérons avec tant de recueillement. (*Le Jeu de l'amour et du hasard*, I, II, Garnier 1968, T. I, p. 802)

Cette première reformulation de la conversation qu'elle vient d'avoir avec Silvia, se présente comme une synthèse tronquée, une reprise de détails dont le lien, c'est-à-dire la pertinence, est effacée. Quand Sganarelle tentait de résumer les arguments de Dom Juan en faveur de l'inconstance (« Madame, les conquérants, Alexandre, et les autres mondes sont cause de notre départ », *Dom Juan* I, III) il apparaissait comme un rapporteur balourd, dépassé par le discours du maître qui le fascine, mais qu'*il n'arrive pas à suivre*. Il en va tout autrement pour notre soubrette. L'écrasement du propos, chez qui ne manque pas d'agilité intellectuelle, marque au contraire le clivage énonciatif, et la reproduction « à la hussarde » montre le peu de crédit accordé par Lisette aux réticences de Silvia pour le mariage. Il y a donc à la fois rapport d'un dire d'autrui et, dans la manière de rapporter, une modalisation. La stratégie se confirme dans la suite des répliques :

> Lisette. — Oui, *nous* parlions d'une physionomie qui va et qui vient ; *nous* disions qu'un mari porte un masque avec tout le monde et une grimace avec sa femme.
> Monsieur Orgon. — De tout cela ma fille, je comprends que le mariage t'alarme, d'autant plus que tu ne connais point Dorante.

---

[20]   La parole projette une demande de reconnaissance de place, et joue sur la complémentarité des places (cf. F. Flahault 1979).

Lisette. — Premièrement, il est beau, *et c'est presque tant pis. (ib.)*

Nous sommes en situation de trilogue [21] : Lisette parle à Monsieur Orgon à la place de Silvia, en présence de Silvia. Sous la solidarité de surface du « nous », et sous la citation fidèle du « et c'est presque tant pis », effectivement prononcé par Silvia peu avant, l'énonciateur second isole du dissonnant, exhibe la faille par aimable raillerie... et force la levée d'ambiguïté :

Monsieur Orgon. — Tant pis ! rêves-tu avec ton tant pis ?

Lisette. — Moi, *je dis ce qu'on m'apprend* ; c'est la doctrine de Madame, j'étudie sous elle. *(ib.)*

La dernière réplique de Lisette restitue l'énoncé à sa source ; *parlerons-nous de DIL pour les énoncés étrangement formés qui précèdent ?* En récit, la présence de l'imparfait est la marque habituellement privilégiée de l'indirection : l'énoncé dont l'énonciation se dérobe dans un temps « sans attache temporelle positive », peut être « extérieurement une appartenance de l'auteur et intérieurement une appartenance d'un personnage dont l'auteur entretient le lecteur » [22]. L'indirection sans annonce (indirect *et* libre) sert à créer une anomalie [23], et c'est l'anomalie qui linguistiquement légitime l'effet de confusion des voix. Mais *a priori* la confusion des voix n'est-elle pas plus affaire de personne que de temps ? En discours la marque de l'imparfait est perdue, soit, mais il s'avère que les signifiés du DIL peuvent se conserver : *un rapport de propos*, et *une surimpression énonciative* qui en brouille la source, et par ce biais les modalise. Cela se vérifie dans notre extrait : les propos d'origine, au théâtre, sont à portée de mémoire, on entend donc l'écho, et l'écho déformé. Les déformations, synthèse abusive, défaut de cohérence, et « nous » complaisant, *valent*, me semble-t-il, *comme dénormalisation* et font entendre l'annexion de l'énonciation première par l'énonciation seconde.

Voyons des reformulations plus rapprochées encore :

Arlequin. — Dites-moi un petit brin que vous m'aimez ; tenez, je vous aime, moi, faites l'écho, répétez, Princesse.

Lisette. — Quel insatiable ! *Eh bien, Monsieur, je vous aime.*

Arlequin. — *Eh bien, Madame, je me meurs* ; mon bonheur me confond... *(ib.* II, V)

Seul l'environnement immédiat désigne une reprise, le « je vous aime » de Lisette comme énoncé répété, et comme énonciation commandée ; mais l'effet de

---

[21] Cf. C. Kerbrat-Orecchioni et C. Plantin, (éds), (1995).

[22] G. Guillaume, Leçon du 16 mars 1944, (1990 : 220).

[23] La syntaxe du français marque la subordination, soit par le morphème QU-, soit par la satellisation du procès privé de sa flexion personnelle et temporelle (mode infinitif ou participe).

commande, et donc de *jeu dans l'adhésion,* est tout de même souligné par un « eh bien », marqueur d'enchaînement pragmatique : il répond à l'acte d'injonction qui précède, « faites l'écho, répétez, Princesse » ; ce même « eh bien » réadopté par Arlequin peut faire entendre un *même jeu* (« eh bien, puisque nous nous donnons si bien la réplique... »), où la surenchère du « je me meurs » s'avoue comme un emprunt, mi-sérieux mi-plaisant, à la phraséologie galante. Entre sincérité et impostures (partagées et presque pardonnées d'avance), les intermittences de l'aveu font tout le sel de la scène.

Dans la bouche de l'impétueuse Silvia en revanche, l'écho rend un tout autre son :

> Silvia. — Moi, j'y entends finesse ! moi je vous querelle pour lui ! j'ai bonne opinion de lui ! Vous me manquez de respect jusque-là ! (II, VII)

Les mots de Silvia sont en effet la reprise de ceux de Lisette « Quelle finesse entendez-vous à ce que je dis ? » et « je ne m'oppose pas à la bonne opinion que vous en avez », reprise exacte avec toutefois une adaptation de la personne, *vous* devenant *je,* exhibé en *moi je* [24]. Cette prise en charge est donc manifestement seconde ; soulignée par le changement du pronom personnel, alliée à un ton indigné, elle fait assez entendre le clivage : on a bien *la version libre,* spontanée (conforme au caractère de Silvia), « j'y entends finesse ! », d'un DI du type « vous osez dire que j'y entends finesse ». C'est la même alliance du contexte rapproché, et de l'intonation qui assure la reconnaissance d'un DR dans la réplique de Dorante : le changement de personne régularise l'insertion du point de vue référentiel, le ton amer la modalise, la replace dans son altérité :

> Il faut que je le croie ! Désespère une passion dangereuse, sauve-moi des effets que j'en crains ; *tu ne me hais, ni ne m'aimes, ni ne m'aimeras !* accable mon cœur de cette certitude-là. (II, IX)

Silvia avait affirmé peu avant « je ne te hais, ni ne t'aime, ni ne t'aimerai ».

Ailleurs c'est un commentaire métadiscursif qui vient souligner le statut rapporté, guetté, et soupesé des mots de l'autre dans cette pièce :

> Silvia. — Le galant Bourguignon, *dont je ne savais pas l'épithète,* ne me parle pas de lui [...]
> Silvia, avec feu. — Que vos discours sont désobligeants ! M'a dégoûtée de lui, dégoûtée ! *J'essuie des expressions bien étranges* ; je *n'entends plus que des choses inouïes, d'un langage inconcevable* ; j'ai l'air embarrassé, il y a quelque chose, et puis c'est le galant Bourguignon qui m'a dégoûtée, c'est tout ce qui vous plaira, mais je n'y entends rien. (II, XI)

---

[24]   Le latin et le grec, dans des circonstances analogues, pratiquaient le même soulignement.

L'éventail de valeurs illocutoires est ouvert. La lecture d'un DIL, soit la dénormalisation d'une énonciation, est livrée par des marques internes, et par la situation de communication. Peut-elle être déclenchée par la seule situation de communication ?

3.2. Foi ou mauvaise foi dans la drôlatique histoire de sœur Fessue ?

Au chapitre XIX du *Tiers Livre*, *Comment Pantagruel loue le conseil des muets*, chapitre consacré aux ambiguïtés du langage, Rabelais fait raconter par Panurge une anecdote dans la pure tradition grivoise, qui s'amuse à prendre en défaut la chasteté de règle dans les couvents. Sœur Fessue a fauté, engrossée par un jeune briffault, frère Royddimet, elle doit se justifier auprès de l'abbesse de son couvent. Il s'ensuit un dialogue rapporté sous forme de DD cocasse, où l'on voit la bonne religieuse avancer de bien naïves excuses à son comportement. Frère Royddimet (prédestiné par le nom à un double programme !) [25] l'aurait violée, et ensuite confessée :

> Vous savez comment, à Croquignoles, quand la nonnain sœur Fessue feut par le jeune briffault dam Royddimet engroissée, et la groisse congneue [...], elle s'excusait alleguante que ce n'avoit été de son consentement, ce avoit été par violence, et par la force du frère Royddimet. L'abbesse replicante et disante : « Meschante, c'estoit on dortouoir, pourquoy ne croys tu à la force ? Nous toutes eussions couru à ton ayde ? », respondit qu'elle ne ausoit crier on dortouoir, pource qu'on dortouoir y a silence sempiternelle. « Mais, dist l'abbesse, meschante que tu es, pourquoy ne faisois tu signes à tes voisines de chambre ? – Je (respondit la Fessue) leur faisois signes du cul tant que povais, mais personne ne me secourut. – Mais (demanda l'abbesse) meschante, pourquoy incontinent ne me le veins tu dire et l'accuser reguliairement ? Ainsi eussé-je faict, si le cas me feust advenu, pour demonstrer mon innocence. – Pource (respondit la Fessue) que, craignante demourer en peché et estat de damnation, de paour que ne feusse de mort soubdaine praevenue, je me confessay à luy avant qu'il departist de la chambre, et il me bailla en penitence de non le dire ne deceler à personne. *Trop enorme eust esté le peché, reveler sa confession, et trop detestable davant Dieu et les anges. Par adventure eust ce esté cause que le feu du ciel eust ars toute l'abbaye, et toutes feussions tombées en abisme avecques Dathan et Abiron.*

---

[25] Pareil nom paraît imprononçable sans le clivage énonciatif qui en apprécie la surmotivation : frère Royddimet mérite bien de son nom ! Le calembour salue la performance grivoise, et la lecture latine (*redimet*) la fonction religieuse.

– Vous, dist Pantagruel, ja ne m'en ferez rire. Je sçay assez que toute moinerie
moins crainct les commandemens de Dieu transgresser que leurs statutz pro-
vinciaulx... (Éd. P. Jourda, Garnier T. I, 1962, p. 482)

Ce passage présente la caractéristique de multiplier les niveaux énonciatifs [26].
Les verbes de parole et les incises nous permettent de distinguer :

– le niveau I du récit cadre ("Pantagruel, ces motz achevez, se teut assez long
  temps, et sembloit grandement pensif..."), pris en charge par le narrateur,
– le niveau II, du dialogue entre Pantagruel et Panurge, discours direct basé
  sur le présent,
– *à un niveau III* du récit intégré à ce dialogue, l'histoire de sœur Fessue,
  s'ouvre un autre dialogue, celui de la religieuse et de sa supérieure.
– Or soeur Fessue racontant son aventure en vient à évoquer un échange de
  paroles entre elle et le frère Royddimet : « je me confessay à luy.., et il me
  bailla en penitence de non le dire ne deceler à personne... » : c'est le niveau
  IV, mais traduit en DI.

Dans ce contexte dialogal stratifié, à quel énonciateur rapporter le commentaire qui suit la prescription du silence : « Trop énorme eust esté le
peché... », et la menace apocalyptique ? Rattaché au plus proche, dans le prolon-
gement du « il me bailla en penitence », l'énoncé se présente comme le canonique DIL des récits, développant l'argumentation de Royddimet pour justifier
le secret qu'il impose : la sécurité du couvent est en jeu ! Cette argumentation,
Fessue « chapitrée » la répète, mais en se montrant répétante, c'est-à-dire en
l'occurrence subjuguée. Elle serait alors une naïve de bonne foi, que le briffault
n'aurait certes eu aucune peine à abuser. Une autre hypothèse, *permise par
l'emboîtement des discours rapporté*s, est celle d'une explication fournie par sœur
Fessue elle-même, rouée qui en rajoute, feint un saint zèle, et, comme dans les
pieuses excuses précédentes, se moquerait de l'abbesse. Ce discours, alors de la
mauvaise foi, serait toujours du DIL, mais un DIL remonté au niveau III, et le
clivage énonciatif ferait entendre, dans ce cas, la voix de Panurge narrateur
s'ouvrant à celle d'une hypocrite nonnain. Entre bêtise et malice peut-être Rabelais ne veut-il pas trancher. On peut gloser à perte de vue, mais la faille où
s'engouffre l'incertitude est dans un DIL, formellement reconnaissable (les plus-
que-parfaits de l'irréel du passé figurent la translation d'un l'irréel du présent), et
qui dans les rebonds du DR maximalise son effet : il rapporte des propos, il les
modalise en problématisant l'hétérogénéité énonciative. Ici s'ajoute à la dualité
des voix, un doute sur la composition du duo. Mais gardons en mémoire que
l'existence du DIL, soit l'image d'une superposition de voix, se manifeste encore

---

26   Certes une fermeture de guillemets semble manquer, mais comme signaux de
     citation leur usage est encore flottant au XVIe, et par ailleurs ils ne pénétraient pas
     dans les lignes (cf. N. Catach 1968).

par la renégociation du repérage, elle-même liée à l'intégration syntaxique du discours dans le récit.

Le contexte narratif qui emboîte, comme ici, les discours rapportés, vient à brouiller *l'inscription* de l'hétérogénéité énonciative, et fait hésiter sur son niveau actantiel (et donc sur l'identité des énonciateurs). En contexte entièrement discursif, il n'y a pas de prédécoupage de la situation de communication, l'univers du discours ne reçoit plus ses bornes d'un univers narratif enchâssant, et l'on a de bonnes raisons d'inférer une inscription encore plus problématique de l'hétérogénéité énonciative. On a vu précédemment que l'intégration d'un *discours rapporté libre* y perd le bénéfice du contraste énonciatif récit-discours, que la seule marque d'indirection, c'est-à-dire d'intégration à un discours second, réside dans le changement des personnes. Or celle-ci n'a pas toujours lieu de se manifester [27] : la reconnaissance de l'hétérogénéité, de moins en moins confortée (sinon garantie) par des marques, réévalue alors sa fonction modalisatrice.

Ici deux options pragmatiques se dessinent : l'une impose la levée d'ambiguïté : on l'a vu avec la dispute au théâtre, où il faut savoir qui dit quoi et quelle valeur illocutoire prend telle ou telle reprise. Proximité de l'énonciation première (qui donne sa visibilité au changement des personnes), intonation de l'énonciation seconde, et au besoin commentaires métadiscursifs, sont là pour relayer l'absence de marque formelle. L'autre option au contraire ne propose aucun relais, maintient l'ambiguïté de la prise en charge, et par là projette une forme de scandale énonciatif. On est sur le chemin de l'ironie.

3.3. De l'anomalie au scandale : parler au « deuxième degré »

Comme le DIL, et l'on verra s'il convient de dire dans sa mouvance, l'ironie suscite depuis longtemps l'intérêt conjugué du théoricien de la littérature [28] et du linguiste. Le phénomène relève du clivage, d'une énonciation qui disjoint un locuteur qui dit, et un énonciateur qui endosse le « point de vue ». Mais l'ironie en soi ne prétend pas « rapporter » des paroles [29] ; elle les exprime sans médiation, s'arrogeant la liberté de *viser directement un état d'esprit*. Si elle a pu s'analyser comme « mention » [30], c'est en entendant « mention » comme réflexivité – par opposition à « usage ». On retrouve ici la fonction modalisatrice. Où localiser le bond qualitatif, cet effacement de la présomption de report, qui après tout n'est peut-être qu'une glissade ? En effet, nous sommes dans des domaines connexes, et qui peuvent mordre l'un sur l'autre : l'ironie vise à discréditer un point de vue : elle peut atteindre cet objectif par le chemin le plus court, une ironie « standard », qui ne passe pas par le discours cité. Cela n'empêche pas le

---

[27]   D'où la suspension de l'épithète « indirect », sur laquelle je tenterai de statuer ensuite.

[28]   On se reportera par exemple à Ph. Hamon (1996).

[29]   Cf. L'analyse de la polyphonie ironique par O. Ducrot (1984 : 211).

[30]   D. Wilson et D. Sperber (1978).

discours cité, et notamment le DIL, de se montrer ironique. Cette valeur illocutoire que le DIL peut afficher [31], s'appuie me semble-t-il sur le repérage
fusionnel de son énonciation. Si le caractère fusionnel se heurte à la doxa, aux
attentes du contexte, on n'y voit plus qu'un artifice, et l'incongruité du support
énonciatif discrédite les contenus énoncés : on retrouve l'ironie par un chemin
plus long, susceptible sans doute de bénéfices secondaires...

Pour y voir plus clair, je propose d'examiner un article du *Dictionnaire philosophique* de Voltaire : cet article intitulé *Fausseté des vertus humaines*, est représentatif d'une écriture de combat, d'une écriture polémique qui inscrit l'autre à
abattre. L'intérêt réside ici précisément dans *le degré d'émergence accordé à cette autre
voix.*

> *Fausseté des vertus humaines*
>
> Quand le duc de La Rochefoucauld eut écrit ses pensées sur l'amour-propre, et
> qu'il eut mis à découvert ce ressort de l'homme, un monsieur Esprit, de
> l'Oratoire, écrivit un livre captieux, intitulé De la fausseté des vertus humaines.
> Cet Esprit dit qu'il n'y a pas point de vertu ; mais par grâce il termine chaque
> chapitre en renvoyant à la charité chrétienne. Ainsi, selon le sieur Esprit, ni
> Caton, ni Aristide, ni Marc-Aurèle, ni Épictète n'étaient des gens de bien ; *mais
> on n'en peut trouver que chez les chrétiens. Parmi les chrétiens, il n'y a de vertu que chez les
> catholiques* ; parmi les catholiques, il fallait encore en excepter les jésuites, en
> nemis des oratoriens ; partant, la vertu ne se trouvait guère que chez les en
> nemis des jésuites. (Voltaire, *Dictionnaire philosophique*, Garnier-Flammarion,
> 1964, p. 191)

Ce passage ménage une transition entre plusieurs stratégies de mixité. Après
l'introduction ouvertement axiologisante (« un monsieur Esprit, de l'Oratoire,
écrivit un livre captieux ») et un DI perçu comme résumant (« Cet Esprit dit
qu'il n'y a point de vertu » [32]), Voltaire développe quelques tenants et aboutissants de ladite proposition. Mais bien habile qui pourrait démêler l'exégèse de
l'un et les propos de l'autre. L'ambiguïté énonciative de la première stratégie en
« selon X », tient à l'inscription du « Ainsi » initial, véritable clé au sens musical
et métaphorique, qui conditionne la prise en charge : le jugement négatif sur
Caton, Aristide, etc... est bien prêtée à M. Esprit, mais le prêt est peut-être excessif [33]. L'attribution « selon X » a deux lectures : l'une propose un *rapport objectif*, dont le « ainsi » marquerait la continuité interne, les allusions à Caton,
Aristide etc... se donnant comme la suite du discours incriminé du sieur Esprit ;
la deuxième, ironique façon standard, voit *une conséquence forcée par Voltaire*, visant
directement une mentalité (celle qui subordonne la vertu à la « charité

---

[31]   Et que C. Bally (1930) lui refusait, à tort me semble-t-il.

[32]   En l'absence de circonstant exprimé ou « saillant », le présent s'étend à la substance
        du livre.

[33]   Voltaire en est coutumier.

chrétienne ») : l'affirmation manifestement téméraire est une dissonance entre le locuteur et l'énonciateur (qui confirme celle du « par grâce »). Les deux énoncés qui lui succèdent poussent plus loin la malice :

> mais on n'en peut trouver que chez les chrétiens. Parmi les chrétiens, il n'y a de vertu que chez les catholiques [...]

coulés dans des phrases indépendantes et formulées au présent, privés d'incise en « selon X », rien ne les distingue linguistiquement d'une énonciation imputable à Voltaire, rien linguistiquement mais tout contextuellement, à commencer par notre « compétence encyclopédique » : dénonçant l'irrecevabilité d'une pareille assertion pour qui proposait quotidiennement d' « écraser l'infâme », c'est elle qui impose l'interprétation antiphrastique. La suite :

> parmi les catholiques, il fallait encore en excepter les jésuites, ennemis des oratoriens ; partant, la vertu ne se trouvait guère que chez les ennemis des jésuites

réactualise du discours rapporté sous l'espèce d'un DIL canonique, l'imparfait s'alignant sur le *alors* du « écrivit ». Après le scandale, la routine, c'est-à-dire la régularisation du scandale, qui feint le retour à la sérénité, au compte rendu distancé que mérite un « livre captieux » ! Ce glissement insensible entre stratégie marquée et stratégie non marquée valorise *a posteriori* le rôle de l'imparfait qui restitue le propos à son altérité énonciative. *A contrario*, en amont, l'inscription temporelle du présent est suspendue : officiellement compatible avec l'univers de M. Esprit comme avec celui de Voltaire, il masque le changement de plan énonciatif. L'ironie se présente par rapport à un discours indirect libre, comme une *parole paradoxale, et non plus d'abord comme une énonciation hybridée*, une parole dont la lettre est actualisée, mais dont l'esprit, en vertu de la loi de sincérité, ne peut être que rejeté. La modalisation atteint son plein rendement... et sa limite. Le mieux est parfois l'ennemi du bien, on sait que l'effacement des traces d'hybridation, s'il n'est pas compensé par la compétence encyclopédique, peut compromettre la réception : si le scandale énonciatif, la disjonction du dire et du croire, n'est pas reconnu, la visée inversante tombe, et c'est l'énonciation seconde qui fait scandale [34]. On a vu dans notre extrait que le DIL ne court pas ce risque. Toutefois, si un environnement discursif au présent (ou une occultation malveillante de l'environnement) dérobe l'effet de reprise, le DIL rejoint l'ironie dans ses risques [35].

---

[34]   Pensons aux mésaventures de Coluche, de P. Timsit, et d'autres humoristes.

[35]   Apulée, condamné pour sorcellerie, en fit les frais (cf. M. Biraud et S. Mellet, ce volume, § 1.4.).

L'enchaînement des stratégies, l'effet d'une continuité dans les modes de report des dires, invitent cependant à réfléchir sur les zones de superposition et sur les différences qui permettent d'ordonner l'échelonnement de l'hétérogénéité énonciative, et notamment sur ce qui permet d'opposer *Discours indirect libre* et *Discours direct libre*, *Discours direct libre* et ironie.

4. En guise de bilan. Réflexion sur des stratégies connexes : le choix et les lieux de rupture

Les exemples analysés montrent que le DIL marque sa différence à partir d'un contraste, la différence de repérage entre récit et discours, qu'il s'emploie à résorber. L'alignement proposé par l'imparfait et l'éventuelle modification des personnes, se restreint à cette modification dans le cas d'une insertion en discours. Si la situation n'en fournit pas la nécessité, il n'y a plus de trace d'indirection et l'on se trouve de fait en *discours direct libre* (désormais DDL).

4.1. Le DIL dans la continuité des inclusions

Ce qui sépare officiellement les stratégies directes et indirectes est le repérage par rapport à la « triade énonciative » [36] (Moi-Ici-Maintenant), autrement dit l'actualisation de l'énonciation incluse. Or celle-ci ne se manifeste pas comme tout ou rien. Habile à montrer la rupture, le discours pratique aussi l' « art de la transition » [37]. Voyons le dialogue entre Janot Lapin et Dame Belette qui lui a volé son logis :

> Après qu'il eut brouté, trotté, fait tous ses tours,
> Janot Lapin retourne aux souterrains séjours.
> La Belette avait mis le nez à la fenêtre.
> O Dieux hospitaliers que vois-je ici paraître ?
> Dit l'animal chassé du paternel logis :
> O là, Madame la Belette,
> Que l'on déloge sans trompette,
> Ou je vais avertir tous les rats du pays.
> La Dame au nez pointu répondit que la terre
> Était au premier occupant.
> *C'était un beau sujet de guerre*
> *Qu'un logis où lui-même il n'entrait qu'en rampant.*
> Et quand ce serait un Royaume
> *Je* voudrais bien savoir, *dit-elle*, quelle loi...
> (La Fontaine, *Fables* VI, XV)

---

[36]   A. Joly (1987).
[37]   Titre d'une célèbre étude de L. Spitzer (1970) : « L'art de la transition chez La Fontaine ».

L'effet de surprise de Janot Lapin se traduit par un DD sans préparation, la réplique de la belette marque, elle, des paliers d'actualisation : DI, DIL, DD enfin, dont la reconnaissance est différée d'un vers. On observe aussi la gradation inverse, de l'actualisation énonciative du discours porté, vers l'homogénéisation du discours porteur [38] :

> Il vint des partis d'importance,
> La belle les trouva trop chétifs de moitié.
> *Quoi moi ? Quoi ces gens-là ? l'on radote je pense.*
> *À moi les proposer ! hélas ils font pitié.*
> *Voyez un peu la belle espèce !*
> *L'un n'avait en l'esprit nulle délicatesse;*
> *L'autre avait le nez fait de cette façon-là;*
> *C'était ceci, c'était cela,*
> C'était tout ; car les précieuses
> Font dessus tout les dédaigneuses
> (*Fables*, VII, IV)

La rupture entre l'annonce des « partis d'importance » et la réaction de la fille se traduit dans le surgissement d'un *discours direct libre*, légitimé par le verbe « trouva » en amont, et affichant généreusement les modalités expressives. Il se focalise ensuite sur son contenu, et c'est le DIL (« l'un n'avait en l'esprit... »). Mais le report s'effiloche et le DIL, venant à escamoter les contenus de parole (« C'était ceci, c'était cela »), n'en exhibe plus que l'esprit capricieux, le bruit pour rien [39]. Dans la foulée, l'homologie du troisième terme (« c'était tout ») assure insensiblement le passage de la surimpression des voix à la pure synthèse du narrateur. Notons donc que le DIL est *un composé instable*. Mais notons également que même l'indirection, dictée par l'alignement sur la triade du discours porteur, est très relative : « L'autre avait le nez fait *de cette façon-là* », exhibe une précision suspecte : si le démonstratif *cette N-là* a valeur déictique, il relève d'une actualisation propre au DD. Quant à la modalité d'énonciation du discours enchâssé indirect, elle peut, elle aussi, émerger à son compte : « C'était un beau sujet de guerre / Qu'un logis où lui-même il n'entrait qu'en rampant » est déjà sur cette voie ; d'autres exemples vont plus loin :

> C'était incroyable qu'elle ne comprît pas que la moindre dérogation aux usages serait leur mort. *C'était bien entendu ? Il pouvait compter sur Thérèse ?* Elle avait causé à la famille assez de mal... (F. Mauriac, *Thérèse Desqueyroux*, Le Livre de poche, 1972, p. 16)

---

[38]   Dans les deux sens la gradation est ménagée par l'imparfait, « forme transitionnelle » par excellence (cf. S. Mellet, ce volume, § 1.3, et A. Jaubert 1990 : 53).
[39]   A. Jaubert (1997 : 30).

Au XXe siècle, le roman a multiplié les îlots hétérogènes et les cocktails de mixités :

> Il répète que c'est tout à fait extraordinaire de la voir sur ce bac. Si tôt le matin, une jeune fille belle comme elle l'est, *vous ne vous rendez pas compte, c'est très inattendu, une jeune fille blanche dans un car indigène.*
> [...] Il parlait. Il disait qu'il s'ennuyait de Paris, des adorables Parisiennes, des noces, des bombes, *ah là là, de la Coupole, de la Rotonde ; moi la Rotonde je préfère* [...] Il continuait de raconter. Sa mère à lui était morte, il était enfant unique. Seul lui restait le père détenteur de l'argent. *Mais vous savez ce que c'est, il est rivé à sa pipe d'opium face au fleuve depuis dix ans, il gère sa fortune depuis son lit de camp.* Elle dit qu'elle voit. (M. Duras, L'Amant, Minuit, 1984)

La déstabilisation perpétuelle du régime des reports figure des intermittences dans l'adhésion au souvenir et sa mise à distance ; au-delà, elle inscrit une intermittence aussi dans l'écoute de la jeune fille, et fait ressortir l'impact des stéréotypes accrocheurs [40]. Le DDL, qui fait monter en ligne l'énonciation de l'autre, l'expose dans sa dérisoire nudité. Dans le roman contemporain il marque précisément son affinité pour le lieu commun. Le discours rapporté sans (a)ménagement assure un effet décapant, et rejoint par cette voie les intérêts de l'ironie, dans un parcours différent et plus rapide que celui du DIL. Il semble que plus la marge de l'intégration se réduit, plus la fonction modalisatrice s'impose à la conscience du récepteur.

Les contextes narratifs que nous avons envisagés ouvraient largement le nuancier des inclusions. La gamme nécessairement se restreint dans les contextes discursifs. La montée en ligne de l'énonciation peut se faire invisible quand le discours porteur n'est pas du récit, mais se trouve d'emblée sous le régime énonciatif du discours. Ici le DIL se confond avec le DDL.

4.2. Changements de plans d'énonciation et actes de langage

La conjoncture neutralise certains paliers d'inclusion. Par la force des choses, le DIL vient à se confondre avec le DDL quand les « indices grammaticaux ne permettent pas de trancher ». Cela se vérifie avec d'autres formes mixtes, et notamment le DD avec *que* (Rosier 1998 : 217). Le processus semble naturellement lié à la perte de contrastivité.

Or ces deux stratégies sont dites libres dans la mesure où l'une se dispense de subordination syntaxique et l'autre de discours attributif (ainsi que de marques typographiques à l'écrit). Dans les deux cas l'altérité est montrée mais non explicitée. Si la montée en puissance de l'énonciation incluse ne se rend pas visible par contraste avec son environnement, la distance ironique qui semble

---

[40]   Cf. Rosier (1998 : 282-297).

s'attacher au surgissement inopiné d'une parole hétérogène, se replie sur le discours porteur.

4.2.1. La parole clivée de Merteuil

Dans *Les Liaisons dangereuses*, l'échange entre les roués, Merteuil et Valmont se signale avant tout par un usage sophistiqué de la parole. Âmes damnées l'un pour l'autre, ils font assaut de cynisme dans un discours qui raffine sur les effets de distanciation, de duplicité, et sur la réflexivité. Ainsi la Marquise de Merteuil détaille-t-elle au Vicomte avec quelle maîtrise elle a su camoufler à son entourage un rendez-vous galant. Dans son récit au présent, l'énoncé « j'ai ma migraine » s'avère ambigu : relève-t-il d'un report en substance appartenant à l'espace énonciatif de la narration, ou appartient-il, comme DDL, à l'espace narré [41] ?

> J'appelle ma fidèle Victoire. *J'ai ma migraine* ; je me couche pour tous mes gens... (*Liaisons dangereuses*, O.C. Pléiade, 1979, p. 30)

La narratrice joue complaisamment sur un effet de délocutivité qui la flatte. « J'ai ma migraine » équivaut, comme beaucoup de *formules à croire sur parole* (tel Ministre « a regretté l'absence de X », « s'est réjoui du succès de Y »...), à « j'ai dit : 'j'ai ma migraine' », en effaçant le dire, elle passe directement au tenu pour vrai du dit, et laisse entendre l'hypocrisie couronnée de succès qui réalise la parfaite coïncidence du dire et du faire croire [42]. La dérision est ici dans *l'amuïssement du décalage* qui connote la magistrale facilité, et l'ironie dans *le mensonge contextuellement déclaré*.

Rappelons que le même doute sur le clivage de la voix narrative dans l'extrait de Nerval, n'affectait pas du dire mais une pensée possible du temps raconté : la surimpression, virtuelle, n'aurait qu'une valeur illocutoire discrète, Nerval se revoyant en visiteur impressionné... La lecture rétroactive à partir d'une valeur illocutoire confirme ici la différence de dénivelée énonciative selon que le « discours » rapporté est un « dicours intérieur », ou qu'il relève d'une énonciation actualisée.

---

[41]   En général dans *Les Liaisons dangereuses*, ces « modalisations autonymiques » (selon la formule de J. Authier) sont des points sensibles du persiflage et elles sont marquées par des italiques ; mais l'exercice de l'ambiguïté peut aussi déborder l'auteur.

[42]   M. Biraud et S. Mellet (ce volume) appellent ces énoncés « quasi-performatifs » : si l'on considère le « faire croire » comme une sorte d'archi-acte de langage attaché à l'assertion, moins spécifiquement contraint que le « faire » de l'énoncé performatif, on peut en effet souscrire à la formule.

Ailleurs, pour être sûre que son correspondant apprécie à sa juste valeur le clivage énonciatif du discours sentimental adressé à Belleroche, elle l'instruit de ses révisions utiles :

> Après ces préparatifs, pendant que Victoire s'occupe des autres détails, je lis un chapitre du *Sopha*, une lettre d'*Héloïse*, et deux contes de La Fontaine pour *recorder les différents tons que je voulais prendre*. (*ib.*)

Le DR qui suivra pourra alors être reconnu comme doublement hétérogène. Mais le clivage énonciatif, lié à la perception d'une intertextualité, avait besoin d'être réactivé par l'annonce. L'ironie de la Marquise est moins dans la contre-vérité des paroles rapportées que dans le contre-emploi global des mots avoués comme mots d'emprunt.

4.2.2. Vers l'hétérogénéité constitutive : une ironie d'auteur

L'intertextualité réactivée et signalée relève bien de la perpétuelle affirmation de maîtrise qui infiltre, on l'a dit, tout le discours des « dangereux » protagonistes ; un locuteur plus innocent est moins sur le qui-vive, et le parasitage de l'énonciation peut se faire à son insu.

Le texte littéraire se plaît à des jeux d'écho qui échappent à la claire conscience des actants de la fiction, et par conséquent à leur maîtrise de la modalisation. L'ironie, s'il convient encore de la nommer ainsi, infiltre alors une hétérogénéité prise dans le flux des paroles, une hétérogénéité « constitutive » dont la reconnaissance implique une sortie de l'univers fictionnel, la remontée (ou la plongée) au niveau α [43] de la communication entre un auteur et l'horizon culturel d'un public. À ce niveau privilégié, la fiction perçue comme telle se fait miroir : nous offrant le reflet des situations ordinaires, elle y inclut notre parole habitée par celle de l'autre, et confusément hantée par l'autre. L'idée même de report a ici disparu.

Marivaux dévoileur d'inconscient avant l'heure, glisse un aveu involontaire dans une réplique de Silvia, qui pensait naïvement se répéter, et qui pour nous, intertexte oblige, franchit un seuil :

> ... Bourguignon, je t'en conjure ; il peut venir quelqu'un. Je dirai ce qu'il te plaira, que me veux-tu ? *je ne te hais point*, lève-toi, je t'aimerais si je pouvais... (*ib.* II, X)

Par chance, la fortune du *Cid* à travers les siècles laisse intacte la visibilité de la reprise, mais pour un clin d'œil reconnu, combien d'allusions ont-elles été

---

[43]   Dans la stylistique actantielle de G. Molinié (1996 : 68-78) le niveau α, qui prend justement en compte ce type de trace, est le niveau préalable, et à ce titre perçu comme le plus profond dans la sémiologie.

perdues dans l'inexorable sélection de la mémoire ? Tout discours rapporté relevant de « formes interprétatives » est fragile : il l'est en synchronie, il l'est *a fortiori* en diachronie. C'est dans le risque délibérément encouru, dans l'hétérogénéité énonciative *négociée, problématisée*, que s'inscrit la requalification du report des voix, de fait une stratégie de modalisation.

5. Conclusion

Au terme de ce tour d'horizon, succinct comparé aux questions qu'il soulève, les incertitudes du DIL s'inscrivent dans une problématique d'ensemble du discours rapporté, où la sortie des formes explicites DD / DI, nous confronte inévitablement à une gamme de formes mixtes. Sous le lissage syntaxique, ou sa rupture, se lit une hétérogénéité montrée, et par là distancée, modalisée.

Les affinités avec l'ironie semblent évidentes, mais il ne faut pas perdre de vue le caractère opératoire de la notion de « report » : une altérité énonciative qui s'actualise plus ou moins. Il y a deux espaces énonciatifs qui négocient un enchâssement, et non pas le cas de figure plus englobant d'un point de vue aberrant qui fissure de lui-même l'énonciation. En amont, la notion de report a également été utile pour distinguer le DIL du discours intérieur, dont la transparence conventionnellement préacquise dispense de négociation discursive, et donc ne se livre plus comme le traitement d'une dénivelée énonciative, une *surcharge* qui fait entendre dans l'écho une valeur illocutoire [44]. Lisible en contexte, par définition sujette aux fluctuations de notre compétence encyclopédique, la surcharge est exposée à toutes sortes d'érosions.

Références

Authier, J. (1978). Les formes du discours rapporté. Remarques syntaxiques et sémantiques à partir des traitements proposés, *DRLAV* 17 : 1-78.
Authier, J. (1981). Hétérogénéité montrée et hétérogénéité constitutive : éléments pour une approche de l'autre dans le discours, *DRLAV* 26 : 91-151.
Authier, J. (1984). Hétérogénéité(s) énonciative(s), *Langages* 73 : 98-111.
Authier, J. (1992-1993). Repères dans le champ du discours rapporté, *L'Information grammaticale* 55 : 38-42 et 56 : 10-15.
Authier, J. (1995). *Ces mots qui ne vont pas de soi : boucles réflexives et non-coïncidence du dire*, 2 tomes, Paris : Larousse.
Bally, C. (1912). Le style indirect libre en français moderne, *Germanisch-Romanische Monatsschrift* 4 : 549-556 et 597-606.

---

[44] Sur la valeur illocutoire de la citation en général, voir A. Jaubert (1990, Chap. VI, « Échos et citations », p.147-160).

Bally, C. (1914). Figures de pensée et formes linguistiques, *Germanisch-Romanische Monatsschrift 6* : 405-422 et 456-470.

Bally, C. (1930). Antiphrase et style indirect libre, *Grammatical Miscellany offered to Otto Jespersen on his seventieth Birthday*, Londres : s.n., 331-340.

Banfield, A. (1973). Le style narratif et la grammaire des discours direct et indirect, in : « La critique générative », *Change 16/17* : 188-226.

Banfield, A. (1982). *Unspeakable Sentences : Narration and Representation in the Language of Fiction*, London : Routledge & Kegan, [Trad fr. *Phrases sans parole. Théorie du récit et du style indirect libre*, Paris : Seuil, 1995].

Barthes, R. (1978). Préface à *La Parole intermédiaire* de F. Flahault, Paris : Seuil.

Benveniste, E. (1966). *Problèmes de linguistique générale*, Paris : Gallimard.

Bres, J. (1994). *La Narrativité*, Liège : Mardaga.

Catach, N. (1968). *L'orthographe française à l'époque de la Renaissance (auteurs, imprimeurs, ateliers d'imprimerie)*, Genève : Droz.

Cerquiglini, B. (1984). Le style indirect libre et la modernité, *Langages* 73 : 5-14.

Cohn, D. (1981). *La transparence intérieure*, Paris : Seuil.

Ducrot, O. (1984). *Le dire et le dit*, Paris : Éd. de Minuit.

Flahault, F. (1978). *La Parole intermédiaire*, Paris : Seuil.

Gaulmyn, M.-M. de (1989). Grammaire du français parlé. Quelques questions autour du discours rapporté , in : *Grammaire et français langue étrangère, Actes du Colloque ANEFLE*, Grenoble : 22-23.

Genette, G. (1972). *Figures III*, Paris : Seuil.

Genette, G. (1983). *Nouveau discours du récit*, Paris : Seuil.

Guillaume, G. (1929-1970). *Temps et verbe*, Paris : Champion.

Guillaume, G. (1964). *Langage et science du langage*, Paris : Nizet.

Guillaume, G. (1990). *Leçons de linguistique*, série A, vol. 10, Québec / Lille : Presses de l'Université de Laval / PUL.

Hamon, Ph. (1996). *L'ironie littéraire, Essai sur les formes de l'écriture oblique*, Paris : Hachette.

Jaubert, A. (1987). *Étude stylistique de la correspondance entre Henriette*** et J.-J. Rousseau. La subjectivité dans le discours,* Paris / Genève : Champion / Slatkine.

Jaubert, A. (1990). *La Lecture pragmatique*, Paris : Hachette, HU.

Jaubert, A. (1997). Labyrinthes énonciatifs, « Nouveaux discours du Discours rapporté », *Modèles linguistiques*, 18.1 : 17-31.

Joly, A. (1987), *Essais de systématique énonciative*, Lille : P.U Lille.

Kerbrat-Orecchioni, C. ; Plantin, C., (éds), (1995). *Le Trilogue*, Lyon : PUL.

Martin, R. (1983). *La logique du sens*, Paris : PUF, « Linguistique nouvelle ».

Martin, R. (1987). *Langage et croyance. Les « Univers de croyance » dans la théorie sémantique*, Bruxelles : Mardaga.

Molinié, G. (1996). *La stylistique*, Paris : PUF, « Que sais-je ? » 4e éd.

O'Kelly, D. (1997). Discours rapporté et discours importé dans les échanges dialogiques, *Modèles linguistiques*, 18.1 : 111-127.

Perret, M. (1997). Le discours rapporté dans « Le Bel inconnu », *L'Information grammaticale* 72 : 13-17.

Plénat, M. (1979). Sur la grammaire du style indirect libre, *Cahiers de Grammaire*, Université de Toulouse, 1 : 95-140.

Rabatel, A. (1998). *La Construction textuelle du point de vue*, Lausanne-Paris : Delachaux et Niestlé.

Rosier, L. (1997). Entre binarité et continuum, une nouvelle approche théorique du discours rapporté ?, *Modèles linguistiques* 18.1 : 7-16.

Rosier, L. (1998). *Le discours rapporté, Histoire, théories, pratiques*, Paris / Louvain-la-Neuve : Duculot, « Champs linguistiques ».

Spitzer, L. (1970). *Études de style*, Paris : Gallimard « NRF ».

Todorov, T. (1981). *Mikhail Bakhtine, le principe dialogique. Écrits du cercle Bakhtine*, Paris : Seuil.

Vetters, C. (1989a) *Temps et discours*, Anvers : Universiteit Antwerpen (= Antwerp Papers in Linguistics 59).

Vetters, C. (1989b). Le Style Indirect Libre, in : C. Vetters (1989a), 30-70.

Wilmet, M. (1998). *Grammaire critique du français*, Paris / Louvain-la-Neuve : Hachette / Duculot, 2e éd.

Wilson, D. ; Sperber, D. (1978). Les ironies comme mentions, *Poétique* 36 : 399-412.

Les Huns sont-ils entrés à cheval dans la bibliothèque ?
Ou les libertés du style indirect libre

Michel JUILLARD

Université de Nice-Sophia Antipolis – UPRESA « Bases, Corpus et Langage »

It wasn't quite the truth,
of course – nothing is ever that
Graham Greene [1]

1. Introduction

La question du style indirect libre, sa définition et sa perception à travers des marques objectives ou au terme d'une démarche intuitive, est vaste, ouverte et sujette à controverses. Ceci tient en partie au fait qu'elle se situe aux confins de plusieurs territoires, notamment la linguistique, l'analyse littéraire, la narratologie et la pragmatique. Cette complexité reflète évidemment l'ambiguïté des relations lecture-écriture, en particulier dans le cas du texte artistique. Il existe des ouvrages nombreux et divers sur cet ample sujet, le plus complet dans le domaine anglais étant décrit par son auteur comme une simple ébauche d'un projet en constante évolution [2]. De cette question foisonnante et multiforme nous nous proposons d'explorer, sans a priori théorique, par le biais d'exemples tirés de lectures aléatoires de textes essentiellement anglais, quelques aspects liés aux traces objectives, indices ou marqueurs, caractérisant certaines manifestations du style indirect libre. On rappellera d'abord quelques certitudes, puis on abordera des zones moins bien cartographiées et l'on suggérera, toujours à travers des exemples réels, telle ou telle raison possible du passage de la narration au style indirect libre.

---

[1] Graham Greene, *The tenth man*, Harmondsworth, Penguin books, 1985 (Ce n'était pas tout à fait la vérité, bien sûr – rien ne l'est jamais).

[2] M. Fludernik (1993). Sur les temps verbaux ou « tiroirs » du français et leur rôle dans l'édification d'un univers temporel, voir l'ouvrage récent de C. Vetters (1996).

2. Définitions
2.1. Style indirect et style direct

Le style indirect se définit à partir du style direct, tout comme en latin l'*oratio obliqua* s'oppose à l'*oratio recta* [3]. A chacun des deux grands modes de représentation de la parole correspond une variété dite libre : style direct libre et style indirect libre [4].

Depuis quelque temps, les linguistes s'intéressent aux marques formelles de ces types de représentation et le linguiste anglais Randolph Quirk livre, à partir d'exemples courants simples, des observations pertinentes propres à servir d'assise à une étude plus expérimentale de faits plus complexes ou plus périphériques [5].

Il est plusieurs façons, nous disent Quirk et ses collègues, de rapporter les paroles d'autrui. Les plus explicites font appel à une proposition introductive qui renvoie au locuteur et à l'acte de communication, écrite ou orale. Le style direct restitue textuellement, *verbatim*, avec le cas échéant ses particularités individuelles, de prononciation, de syntaxe, ses choix lexicaux et même ses erreurs, l'énoncé écrit ou oral. Le style indirect quant à lui utilise souvent d'autres mots pour évoquer ce qui a été dit ou écrit par le locuteur d'origine (qui peut être la même personne que le rapporteur des paroles).

Ce qui importe au linguiste, c'est qu'il existe des marques objectives de ces deux façons de rapporter le discours d'autrui, lorsque l'on ne se trouve pas dans la situation simple de l'échange *in praesentia* entre deux locuteurs ou échange dyadique [6].

---

[3]   On n'en déduira cependant pas que tout texte en style indirect est le résultat de la transformation d'un texte en style direct ou vice versa.

[4]   Par parole nous entendons toute mise en œuvre individuelle de la langue extériorisée par du discours effectif, mots prononcés ou écrits, ou se limitant à la formulation silencieuse et intériorisée d'une pensée (*reported thought*, pensée rapportée, ou *stream of consciousness*, flux de conscience). C'est pourquoi nous préférons, en dépit de la mode, l'appellation traditionnelle style (indirect libre) à l'appellation discours (indirect libre) potentiellement ambiguë ou restrictive.

[5]   R. Quirk et *al* (1985), en particulier les paragraphes 4.48, 4.60, 4.61, 14.28 à 14.35 et 19.43 auxquels nous empruntons les définitions qui suivent (notre traduction pour tous les exemples et citations, avec la précieuse participation d'Aline Juillard).

[6]   Ceci ne revient évidemment pas à dire qu'il existe une grammaire complète du style indirect libre, ou des autres formes du discours rapporté. S'il existait des marques, univoques, universelles, du style indirect libre, sa détection automatique deviendrait par là même possible et l'on trouverait déjà sur le marché un logiciel renifleur de style indirect libre. La question n'aurait donc plus grand intérêt. L'inadéquation partielle à leur objet des théories d'A. Banfield (1982) provient de ce malentendu inhérent à l'approche transformationnelle : on postule des règles et l'on déclare exceptions les énoncés non-conformes. C'est pourtant la présence de ces énoncés en apparence déviants qui doit encourager le linguiste à aller plus loin, sans aban-

Le style direct comporte une proposition introductive (*reporting clause*) et les paroles rapportées se trouvent entre guillemets. La proposition introductive peut précéder, suivre les paroles rapportées ou leur être intégrée :

> « I wonder », John said, « whether I can borrow your bicycle ». [7]
>   he said
>   said John

Elle est toujours clairement délimitée par la ponctuation [8].

La caractéristique du style indirect est de donner au message rapporté la forme d'une proposition subordonnée complétive en *that*, objet direct du verbe introducteur :

> Neighbours said that as a teenager he had earned his pocket money by delivering newspapers. [9]

Des transformations peuvent en faire un sujet extraposé ou un attribut du sujet :

> It was said that as a teenager Max had earned his pocket money by delivering newspapers.
> What neighbours said was that as a teenager he had earned his pocket money by delivering newspapers.

Le rapporteur individuel des paroles (prononcées, écrites ou pensées) initiales est libre de résumer ou de paraphraser la formulation première [10]. Il existe néanmoins des contraintes formelles qui s'imposent à tous les locuteurs et se manifestent par des différences constantes entre paroles initiales ou supposées telles et discours rapporté : décalages et transformations obligatoires dans le

---

     donner l'ambition de parvenir à une théorie plus puissante, mais surtout sans faire abstraction du rôle bien compris de l'intuition du lecteur qu'il ne cesse d'être.

7   « Je me demande », dit Jean, « si je peux emprunter ta bicyclette ». R. Quirk et *al.* (1985 : 1022).

8   R.. Quirk propose une analyse fine et convaincante du lien syntaxique entre proposition introductive et discours rapporté. La proposition peut être considérée tantôt comme proposition de commentaire (*comment clause*), tantôt comme subordonnée à valeur adverbiale. Dans ces trois exemples, on passe d'une propositon introductive *stricto sensu* à une proposition incise de commentaire puis à un adverbe :
« Generals », they alleged, « never retire ; they merely fade away ».
Generals, it is alleged, never retire ; they merely fade away.
Generals, allegedly, never retire ; they merely fade away. (1985 : 1023)

9   Les voisins disaient qu'adolescent il avait gagné son argent de poche en distribuant des journaux à domicile. (1985 : 1025)

10   On pourrait donc envisager l'étude du style indirect libre et de ses avatars comme relevant d'une théorie linguistique générale de l'ellipse.

système de la déixis, temps du verbe, adverbes de temps et de lieu, pronoms personnels, démonstratifs [11].

2.2. Style direct libre et style indirect libre

Ceci posé, on définit aisément les variantes libres de ces deux modes de restitution du discours parlé, écrit ou pensé : style direct libre et style indirect libre se caractérisent par l'absence en surface d'un verbe introducteur.

Le style direct libre a vocation à se fondre à la narration mais son verbe reste au présent :

> I sat on the grass staring at the passers-by. Everybody seemed in a hurry. *Why can't I have something to rush to.* [12].

Le style indirect libre conserve des traits du style direct (questions directes, exclamations, vocatifs, questions en écho ou *tag-questions*, interjections) et sa marque distinctive, qui lui vaut l'appellation d'indirect, est l'emploi du passé [13]. Cette superposition de traits apparemment hétérogènes, cette polyphonie ou diaphonie, manifeste un double ancrage énonciatif, un double repérage à propos duquel nous aimerions évoquer la vision duale fondant toute métaphore et riche, comme le style indirect libre, d'un infini potentiel esthétique [14]. En effet, la coexistence en nombre variable de ces marques objectives introduit dans ce mode de relation du discours la possibilité de multiples variations, de modu-

---

[11]　Pour davantage de détails se reporter à R. Quirk et *al* (1985 : § 14.31 et 14.32).

[12]　Assise dans l'herbe, je regardais les passants. Tout le monde semblait pressé. *Que n'ai-je aussi un but vers lequel me hâter ?* (R. Quirk et al. 1985 : 1033).

[13]　Marcel Vuillaume, qui nous a fait l'amitié de lire ce texte, rappelle opportunément que ceci est moins vrai en français, où l'on peut trouver le présent au style indirect libre dans les récits oraux ou pour exprimer des vérités générales (conversation particulière). C'est évidemment le système temporel binaire de l'anglais qui accentue cette opposition entre présent et passé comme modalités du récit. Nous nous rangeons sur ce point à l'avis de Jean Lavédrine et considérons que le présent caractérise le récit d'observation sensorielle, le prétérit étant l'outil par excellence d'exploration imaginaire (J. Lavédrine 1998 : 345-359).

[14]　Ce point de vue n'est pas universel. Ann Banfield (1982) défend l'univocalité du style indirect libre. Cette conception est aussi partagée par d'autres linguistes, notamment Bally, Lips et G. Müller. Banfield part de l'impossibilité selon elle de définir les deux centres déictiques. Elle aboutit au postulat du *speakerless narrative*. Elle édicte aussi l'impossibilité d'une narration à la deuxième personne, ce qui a le fâcheux inconvénient d'exclure les créations du nouveau roman comme *La Modification* de Michel Butor où toute la narration est justement à la deuxième personne. Parmi les tenants de la bivocalité on citera Bakhtine et Guiraud. Ce dernier, subtilement, évoque la superposition de la *voix* du locuteur primaire et des *paroles* du locuteur secondaire (voir M. Fludernik (1993 : 323).

lations, de dosages divers, source d'expressivité inépuisable pour le créateur du texte artistique [15].

Nous pensons qu'il n'y a pas de contradiction entre la situation de continuum et l'existence de modes définis de relation du discours immédiat. On verra, à l'examen d'exemples tirés de textes contemporains, que, loin de s'opposer, elles se présupposent mutuellement dans une subtile et fructueuse dialectique.

Cette conviction nous semble s'imposer comme une nécessité à la lumière des faits et devant les innombrables cas de figures recélés par le texte artistique. Le linguiste Quirk va même jusqu'à prôner, en s'appuyant sur des marques formelles (place de la proposition introductive, formes du verbe, nature du sujet, présence ou absence de l'inversion sujet-verbe), l'existence d'un continuum (*gradient*) à l'intérieur même du style direct :

> It is best to recognize that there is a gradient from direct speech that is clearly independent to direct speech that is clearly integrated into the clause structure.. At the most independent extreme we have direct speech without a reporting clause. Next along the gradient are instances where the reporting clause is medial or final and it exhibits subject-verb inversion :
>
> « I wonder », *said John*, « whether I can borrow your bicycle »
>
> Here there are severe restrictions on the form of the verb, and pronouns are generally excluded as subject. Further along the gradient are instances where the reporting clause is medial or final but without subject-verb inversion [16].

---

[15]   Les traits linguistiques absents ou impossibles contribuent aussi à cerner les contours du style indirect libre et Monika Fludernik (1993 : 375), après Ann Banfield, en propose une liste : l'impératif, l'appel direct à un interlocuteur, les indications de prononciation, les adverbes ou locutions adverbiales orientés vers le destinataire (*addressee-oriented*) comme : de vous à moi, franchement, honnêtement, la deuxième personne en surface, le présent, sauf s'il est générique ou historique.

[16]   R. Quirk et *al.* (1985 : 1024). L'étude des énoncés réels montre qu'il y a bien continuum. Ces énoncés suggèrent aussi que l'on n'a pas affaire à un système clos et à un nombre fini d'éléments.

J. Hurford (1994 : 71) attire l'attention sur une nouvelle façon de signaler le style direct se développant dans le parler des adolescents aux Etats-Unis et gagnant la Grande-Bretagne. Les énoncés sont introduits par la copule (*be*) au prétérit suivie de *like* et, dans la majorité des cas, d'un silence. Voici quelques transcriptions (intraduisibles telles quelles) proposées par ce découvreur, non d'une nouvelle planète mais de satellites encore inconnus du style indirect :

> When I saw it, I was like [PAUSE] « This is amazing ! »
> ... so all of a sudden, he was like [PAUSE] « What are you doin' here ? »
> From the first day she arrived, she was like [PAUSE] « This is my house, not yours ».
> So I'm like « Well, sure », and she's like « I'm not so sure... »

De ce continuum le style direct et le style indirect ne sont pas les pôles extrêmes. Les linguistes britanniques Geoffrey N. Leech et Michael Short proposent une échelle allant, sans solution de continuité, d'une situation où le narrateur maîtrise en apparence totalement la communication (*in total control of report*) à une situation où le narrateur ne semble pas du tout maîtriser la narration et n'intervient pas (*not in control of report*). La première situation correspond à la narration d'événements ou d'actes de langage, la deuxième au style direct libre. Entre ces bornes se rangent dans l'ordre le style indirect, le style indirect libre et le style direct, modes de relation où le narrateur semble maîtriser partiellement l'évocation des paroles, des actes ou des pensées [17].

3. Explorations de quelques affleurements de la liberté

Ces jalons posés, nous nous efforcerons maintenant d'explorer quelques unes de ces zones labiles de failles et de fractures, sans souci excessif de tout classer ou étiqueter définitivement [18] et sans recours inutile à une lourde terminologie.

Certains glissements, certaines fissures, qui affectent le style direct et manifestent la même liberté que celle qui a conduit au style indirect libre, pourraient passer inaperçues car elles concernent la nature du verbe introducteur comme dans cet exemple :

> She does no more than sprain a wrist and is taken home to be expertly bandaged and slinged by Auntie Doreen. « I was a nurse during the war », she smiles, when complimented on her bandaging. [19] (Kate Atkinson, *Behind the scenes at the museum*, London, Black Swan, 1995, p. 157)

Le verbe satellite (*smile*) n'est ni un verbe de discours ni un verbe transitif. Il est impossible de lui appliquer la transformation **smiles she*. Les guillemets encadrant les paroles rapportées, la virgule séparant les deux propositions appartiennent pourtant incontestablement au style direct.

L'exemple suivant prouve qu'il ne s'agit pas d'une occurrence rare du phénomène. On retrouve le même cas de figure, sous une forme un peu plus complexe, le verbe introducteur se trouvant coordonné à un autre verbe dynamique (*hold*) et à un verbe qui fonctionne ici comme verbe d'état (*smell*) :

---

[17]   G.N. Leech & M. Short (1981 : 324-325). Nous donnons en annexe leur schéma illustrant le continuum décrit ci-dessus.

[18]   Anna Jaubert (1997) évoque avec bonheur la porosité de la dichotomie style direct-style indirect.

[19]   Ce n'est qu'un foulure du poignet ; on l'emmène à la maison où Tata Doreen lui bande le bras et le met en écharpe dans les règles de l'art. « J'ai été infirmière pendant la guerre, » elle sourit quand on la complimente sur son travail.

Edmund, in her arms, pointed up into the summmer-blue sky where a swift was climbing. « yes, it's a birdie », Lillian smiled and held him close and smelt his delicious smell of milk and soap and sleep. [20] (*ibid.*, p. 305).

La comparaison des deux exemples appelle une remarque fondamentale sur le rôle et la valeur des temps grammaticaux dans les textes de fiction.

Il importe de ne pas confondre le temps grammatical, catégorie contingente de la grammaire de la plupart des langues (en anglais *tense*) avec le temps universel, catégorie de la réalité, de l'histoire ou de la métaphysique (en anglais *time*).

Dans nos deux exemples figurent les deux marques du système temporel binaire de l'anglais, -*s* et -*ed*, correspondant respectivement au temps présent et au temps passé. Leur valeur à chacune n'est que distinctive à l'intérieur du système et n'a rien à voir avec l'absolu du temps des horloges ou de l'histoire des historiens. Ces deux formes complémentaires n'ont pas non plus de valeur narrative absolue et dans chacun des exemples ci-dessus, elles jouent le même rôle en évoquant la même entité fictive à l'aide de marques graphiques différentes. Simple variation de focale ou de cadrage. Dans le premier cas on a affaire à un présent de narration, dans le deuxième cas on a affaire à un prétérit de narration. Narration ne signifie pas que les faits évoqués se soient réellement déroulés, mais plutôt qu'ils sont imaginaires et qu'ils sont re-suscités, re-présentés à chaque lecture, la lecture et l'écriture pouvant s'affranchir respectivement de l'ordre linéaire du texte ou des événements, donc du temps [21]. On ne saurait en effet dater ces événements, ni dans l'actuel ni dans le passé. Il ne s'agit, pour le créateur ou le lecteur averti, en aucun cas de relation, réelle ou imaginaire, de faits authentiques répertoriés par l'histoire. Nous nous séparons sur ce point de Marcel Vuillaume (1990 : 10) pour lequel :

« Lorsqu'on lit un roman, on le prend pour ce qu'il se donne, c'est-à-dire pour la relation véridique de faits qui ont eu lieu dans le passé. » [22]

---

[20]   Edmund, qu'elle tenait dans ses bras, tendit le doigt vers le ciel bleu de l'été où s'élançait une hirondelle. « Oui, c'est un petit oiseau », Lillian sourit et serra l'enfant contre elle et sentit sa délicieuse odeur de lait, de savon et de sommeil.

[21]   Il importe ici de remarquer que le résumé narrant en raccourci la même histoire emploiera toujours le présent de l'indicatif.

[22]   Il convient toutefois d'ajouter que dans un autre passage Marcel Vuillaume précise qu'il adopte le point de vue interne d'un lecteur ordinaire totalement immergé dans l'univers fictif (1990 : 54-57). Nous ne partageons pas l'idée d'un *contrat ou d'un pacte de lecture* (M. Couturier, correspondance particulière). L'adhésion à l'univers fictif est pour nous elle-même fictive, elle ne saurait être que temporaire, intermittente, du domaine du *faire semblant*, du *faire comme si*. Le mot *fiction* lui-même ne vient-il pas du latin *fingere*, feindre ? Notre opinion serait assez semblable à celle présentée par James Wood dans son ouvrage *The Broken estate : Essays on literature and belief* où il déclare notamment, distinguant le domaine de la fiction du domaine religieux :

Ceci ne nous paraît même pas vrai du roman historique où il n'y a pas de « relation véridique » et ne saurait s'appliquer à des créations comme *Ulysses* de Joyce, un roman de science-fiction ou le dernier *Harlequin*. La narration n'est pas un reportage, fût-il imaginaire.

L'écriture, la création artistique dans tous les domaines, est toujours représentation. L'histoire elle-même, sa relation, a toujours peu ou prou tendance à devenir fiction. Même les objets importés dans les arts plastiques, collages et praticables, les reproductions les plus « fidèles » du concret sont des entités esthétiques affranchies des catégories du monde réel. *Ceci n'est pas une pipe*. La réalité n'a pas de double, c'est un exemplaire unique. C'est probablement ce danger de confusion entre la réalité et la création qui explique que des auteurs comme Joyce ou Flaubert aient caressé l'idée d'un roman pur sans sujet ni objet, affranchi de l'espace et du temps contingents [23]. Paul Valéry a livré quelques réflexions amusantes et pertinentes sur la confusion entre monde réel et univers créé :

> « Les textes trompent et trompent par essence : nous sommes en littérature.[...] j'ai toujours trouvé ridicules ces critiques ou glossateurs qui traitent des personnages de roman ou de théâtre comme si ce fussent des personnes réelles, disputent de leur *vraie* nature, se demandent si Hamlet ou si Tartuffe furent tels et tels, spéculent sur les passions et les responsabilités de Phèdre hors de la pièce. Mais tous ces êtres s'évanouissent à peine sortis de la scène. On ne sait de quoi mange le Cid, ni si Béatrice avait mal aux dents.[...] le réaliste introduit une « réalité » qui n'est pas celle de la vie réelle. Si je décris la vie d'un employé ou d'un paysan, en le plaçant dans le milieu que crée et se donne l'œil du peintre, cet homme n'est pas chez lui. Il y a confusion ou mélange de l'observé réel et de l'observable étudié. Le personnage n'a jamais vu le ton de son couvre-pieds. » [24]

« Fiction moves in the shadow of doubt. Belief in fiction is always belief « as if ». In religion, a belief that is only « as if » is either the prelude to a loss of faith, or an instance of bad faith.... If religion is true, one must believe absolutely ». (James Wood, cité par Francis Spufford, *Evening Standard*, 14 janvier 1999.)

[23] Sur la difficulté d'exclure la « dimension auctoriale du texte » et plus généralement sur le jeu des instances narratives, on se reportera avec intérêt aux analyses convaincantes de Maurice Couturier (1995).

[24] Valéry, P., *Cahiers*, Paris, Gallimard, Pléiade, vol. 2, 1980, pp. 1237-1238.
Que l'objet artistique, fait de mots, de couleurs, de lignes, de volumes ou de sons, ne soit pas une reproduction de la réalité, les peintres modernes en sont fort conscients :
« ... mon grand désir c'est d'apprendre à peindre ces inexactitudes-là, ces anomalies, ces refontes, ces modifications de la réalité, pour que tout cela puisse devenir, eh bien oui, des mensonges si l'on veut, mais des mensonges plus vrais que la réalité littérale ».
Vincent Van Gogh, *Correspondance*, Lettre à son frère Théo, Nuenen, juillet 1885.

Les cas de figure sont infinis pourvu que l'auteur sache utiliser les multiples ressources du système afin d'occuper tout le continuum entre les variétés standard dûment étiquetées de mention du discours dans le texte. L'exemple qui suit met en présence deux personnages dans un cadre banal et semblerait propice au dialogue rapporté au style direct. Pourtant, seules les paroles du premier personnage sont livrées telles quelles sous forme d'une violente apostrophe suivie d'un énoncé à valeur exclamative et modale déontique mais selon une structure syntaxique de phrase interro-négative [25]. Pas de verbe introducteur à ces paroles entre guillemets du personnage, mais une description insérée dans le schéma narratif, tout comme l'est la réponse, gestuelle et non plus verbale, de l'interlocuteur qui se trouve être aussi le narrateur :

> « You stupid fucking girl ! Why don't you look where you're going ! » A furious, red-faced, ugly man rests his hands on the horn of his car, his face disintegrating in hatred while a queue of traffic builds up behind him, horns honking. I put two fingers up at him and gain the safety of the pavement and stride on, past the Homestead and over the new bridge that spans the flat and unromantic Ouse. [26] (Atkinson, *ibid.* , p. 324)

Le verbe d'état par excellence (*be*), pivot d'une description, peut servir d'élément introducteur d'un énoncé réduit à une exclamation, le prénom du personnage-narrateur :

> « Ruby ! » Mr Belling's face is a cartoon of amazement as he comes round the back of the house and catches sight of me trying to smash the glass. [27] (*ibid.* , p. 319)

Avec la disparition des guillemets cesse l'obligation de tout verbe introducteur et naît l'ambiguïté, fondamentale à toute mention, en particulier au style indirect libre, entre paroles et pensées rapportées, remémorées ou condensées [28] :

---

25 Sur l'opposition phrase-énoncé (*sentence-utterance*), voir Sylvia Chalker (1984).
26 « Espèce de sale petite conne ! Tu ne peux pas regarder où tu vas ! » Un homme furieux, laid, cramoisi, appuie la main sur le klaxon de sa voiture, le visage défait par la haine tandis que la file de véhicules s'allonge derrière lui, concert d'avertisseurs. Je lève deux doigts dans la direction de l'homme, gagne le trottoir, zone sûre, et poursuis ma marche, passe devant le Homestead et franchis le nouveau pont qui enjambe la plate et prosaïque Ouse.
27 « Ruby ! » le visage de Mr Belling est une caricature étonnée quand il surgit de derrière la maison et m'aperçoit qui essaie de briser la vitre.
28 L'écriture romanesque n'est pas l'écriture de théâtre et la plus grande liberté du romancier c'est peut-être d'échapper à la tyrannie du dialogue. Flaubert était fort conscient de cette puissance de l'indirect lorsqu'il donnait ce conseil : « ... *vous abu-*

Did I drown my own sister ? Could such a thing be possible ? I couldn't even drown myself. I opened the silver locket and there again were the two pictures of me as a baby that I had found once before in Bunty's bedside table and it took me a long time, staring at the twin images, to realize that one of them wasn't me at all but my sister. [29] (*ibid.*, p. 328)

Quand il arrive que les guillemets reparaissent, ce n'est pas une garantie suffisante à l'existence d'un mode de mention bien répertorié et clairement identifiable. On ne sait qui prend en charge les paroles, directement ou indirectement. On ne trouve pas de verbe introducteur unique, mais plusieurs verbes coordonnés, au présent, et dont le sujet grammatical est non pas un pronom personnel ou un substantif renvoyant à un être animé, mais le nom d'une partie du corps (*a pair of lips, slightly yellow teeth, an eye-tooth, the mouth*) affecté d'une détermination nominale passant de l'indéfini au défini, tandis que la détermination verbale abandonne le présent simple (*is, glints*) pour le présent périphrastique associé à un verbe de discours (*is saying*), comme pour marquer l'émergence de la conscience d'un sujet percevant. Le deuxième paragraphe apporte encore une variation avec des paroles entre guillemets, syntaxiquement mieux articulées, mais que l'auteur n'introduit pas, se contentant de les imposer telles quelles en les coordonnant à une cascade de propositions à teneur descriptive, reliées entre elles pour évoquer l'apparition de l'image de l'interlocuteur adulte, à mi-chemin entre le rêve et la réalité perçue par l'enfant interlocuteur-narrateur :

« Ruby ? » In one of the light-cracks is a pair of lips and slightly yellow teeth, an eye-tooth that glints gold and the mouth is saying something over and over and with the greatest effort I concentrate on the shape that the lips make until I realize with some surprise that they're saying my name. « Ruby. ».
« Ruby ? How do you feel now, Ruby ? » and the mouth smiles and pulls back and I can see a funny-looking woman, quite old, with plaits wound round her ears like headphones and spindly gold spectacles hanging round her neck. [30] (*ibid.*, p. 331)

---

sez parfois du dialogue, quand trois lignes de tournure indirecte pourraient remplacer toute une page de conversation ». (Correspondance, Paris, Gallimard, Pléiade, vol. 4, 1997, p. 581)

[29]   Ai-je noyé ma sœur ? Pareille chose était-elle possible ? Je n'étais même pas capable de me noyer moi-même. J'ouvris le médaillon d'argent et revis les deux photos de moi enfant que j'avais trouvées un jour dans la table de nuit de Bunty et il me fallut longtemps regarder fixement la double image de ce diptyque pour comprendre que l'une d'elle n'était pas du tout moi, mais ma sœur.

[30]   « Ruby ? » Dans l'un des rais de lumière deux lèvres et des dents un peu jaunes, une canine luisant d'un éclat doré et la bouche qui répète toujours la même chose et d'un effort surhumain je m'attache à la forme que dessinent ces lèvres et enfin je comprends, surprise, qu'elles prononcent mon nom. « Ruby ».

Le texte artistique tend à occuper tous les interstices de l'espace jalonné par des linguistes comme R. Quirk, G. Leech, M. Short et M. Fludernik. En effet, l'écrivain imaginatif excelle à toujours trouver de nouveaux dosages des traits qu'il emprunte librement à telle ou telle variété standard des modes de mention. Cet autre exemple illustre à merveille cette infinie richesse née de la combinaison originale – juxtaposition, superposition – de moyens finis :

> « Ruby ! » Kathleen's anxious little face appears sandwiched between the crenellations – « Come on. We're going to miss the afternoon bell! » We scamper back down the spiral stone stairs at a dizzying pace and run all the way along Bootham back to school and fling ourselves into our allotted desks in time to « Turn over and begin » our Latin Unseen – *Theoxena counsels her children to commit suicide rather than suffer death at the hands of the King* – « *Mors,* » inquit, « *nobis saluti erit. Viae ad mortem hae sunt.* ». Somewhere in the distance is the noise of a cricket match on St Peter's playing fields and the smell of freshly-mown grass comes in on a faint breeze through the open windows. *Cum iam hostes adessent, liberi alii alia morte ceciderunt.* How can life be so sweet and so sad *all at the same time* ? How ? a ragged little cheer goes up from the cricket field. Judith Cooper whacks a wasp with her examination paper. Just out of reach – hidden on a high shelf, under a floor-board – there is the key. And what will the key open ? Why the lost property cupboard, of course. [31] (*ibid.*, pp. 320-321)

L'apostrophe, le vocatif « Ruby ! », n'est pas introduite par un verbe de discours, mais une description, proposée par le narrateur, du personnage censé prendre en charge les paroles qui précèdent et qui suivent. Un habile collage oblitère la

---

« Ruby ? Comment te sens-tu maintenant, Ruby ? » et la bouche sourit et se rétracte et je vois une drôle de bonne femme, plutôt vieille, avec des nattes enroulées sur les oreilles comme des écouteurs et des lunettes à fine monture d'or pendant à son cou.

[31] « Ruby ! » La petite figure anxieuse de Kathleen surgit coincée entre deux créneaux – « Allez, viens ! On va rater la sonnerie de l'après-midi ! » Nous dévalons l'escalier de pierre en colimaçon à une allure vertigineuse et courons sur toute la longueur de Bootham Street jusqu'au lycée et nous jetons derrière nos pupitres à temps pour « Tourner(z) la page et commencer(z) » notre Version Latine – *Theoxena conseille à ses enfants le suicide plutôt que de se laisser tuer par le Roi* – « *Mors »*, inquit, « *nobis saluti erit. Viae ad mortem hae sunt....* ». On entend au loin le bruit d'un match de cricket sur les terrains de jeu de St Peter et par la fenêtre la brise apporte l'odeur du foin frais fauché. *Cum jam hostes adessent, liberi alii alia morte ceciderunt.* Comment la vie peut-elle être si douce et si triste *à la fois* ? Comment ? Une petite clameur effilochée monte du terrain de cricket. Judith Cooper estourbit une guêpe avec sa copie d'examen. Pas tout à fait à ma portée, il y a la compréhension des choses. Pas tout à fait à ma portée – cachée sur une étagère du haut, sous une lame du parquet – se trouve la clef. Et qu'ouvrira cette clef ? Mais, le placard aux objets trouvés, bien sûr.

discontinuité entre le discours du narrateur et ce qui est une apparence de paroles effectives (*Turn over and begin*), en réalité un objet rapporté davantage qu'un
fragment de discours [32]. Ann Banfield a utilisé l'expression « *unspeakable sen-*
tences » ; il conviendrait ici de proposer le néologisme « *unwritable sentences* ». Suit
un long passage en italiques, sans guillemets, sauf pour la citation latine, qu'il est
difficile d'attribuer d'emblée à une origine énonciative clairement individualisée.
S'agit-il de paroles imaginées, remémorées, prononcées, lues, citées, entendues ?
et par qui ? Le retour au plain-chant de la narration (*Somewhere in the distance ...*
through the open windows.) replace au premier plan les sensations et la conscience,
toujours menacée par le rêve, du personnage.

Les romanciers contemporains de langue anglaise se plaisent à côtoyer les
marges du système en donnant l'impression de chevaucher la frontière, d'hésiter
entre deux modes de relation du discours. Après un passage faisant appel au
style indirect puis au style direct les plus conformes au modèle, l'auteur peut
recourir à des modes de relation mixtes en associant des marques du style direct
(présence d'un verbe introducteur au passé) à des marques du style indirect libre
(absence de guillemets et de toute structure introductive explicite, troisième
personne et passé) pour déboucher sur un énoncé elliptique, à l'ancrage flottant,
évoquant le monologue intérieur ou le *stream of consciousness* :

> Quoyle said there had been too much death in the past year. « But everything
> dies », said Wavey. « There is grief and loss in life. They need to understand
> that. They seem to think death is just sleep ».
> Well said Quoyle, they were children. Children should be protected from
> knowledge of death. And what about Bunny's nightmares ? Might get worse. [33]
> (E. Annie Proulx, *The shipping news*, London, Fourth Estate, 1993, p. 331)

Il arrive qu'après un assez long développement narratif les paroles des personnages, formulées *in petto* avec de nombreux traits de l'expression orale

---

[32]   A propos de ce segment enchâssé J. Authier parlerait de connotation ou modalisation autonymique ; cf. J. Authier (1992 : 41).
Il convient de rappeler ici que le texte littéraire de fiction est, à la différence des
énoncés spontanés utilitaires, une entité artistique. Cette technique de
« modalistation autonymique » semble caractériser tous les domaines de l'art au
vingtième siècle. Elle évoque en premier lieu le rôle joué par les éléments matériels
du monde extérieur intégrés aux œuvres des arts plastiques.
La musique moderne n'est pas à l'écart de cette pratique ; que l'on songe à l'emploi
du *ragtime* chez Stravinsky, à l'intégration des chants populaires aux compositions
de Bartok, Poulenc et Debussy ou au rôle de la musique traditionnelle juive dans
telle œuvre de Darius Milhaud ou de Chostakovitch.

[33]   Quoyle dit qu'il y avait eu trop de mort l'année passée. « Mais tout finit par
mourir», dit Wavey. «Le chagrin et le deuil font partie de la vie. Il faut qu'ils le
comprennent. Ils ont l'air de croire que la mort n'est qu'un sommeil ».
Mais, dit Quoyle, c'étaient des enfants. On devrait protéger les enfants de la
connaissance de la mort. Et les cauchemars de Bunny alors ? Pourraient empirer.

(*actually, did look, like he was*), soient introduites par une proposition incise avec inversion sujet-verbe (*thought Quoyle*) qu'il suffit d'effacer pour obtenir du style indirect libre au sens le plus strict :

> The verge of the road crowded with cars and trucks. They had to park far back and walk to the house, toward a roar of voices that carried a hundred feet. A line of people filed through the parlour where, among lace whirligigs, Jack's coffin rested on black-draped sawhorses. They sidled in, edging through the crowd to the parlor. Quoyle held Bunny's hand, carried Sunshine. Jack like a photograph of himself, waxy in his unfamiliar suit. His eyelids violet. Actually, thought Quoyle, he did look like he was sleeping. [34] (*ibid.*, p. 332)

Le brouillage des coordonnées déictiques est d'autant plus frappant qu'il fait irruption dans un espace textuel restreint. L'exemple suivant illustre en deux lignes ce passage soudain du style direct à un mode de relation multipliant les écarts à un schéma que le lecteur pouvait croire bien installé :

> « Are thu no weel, daddo ? » said Ragna anxiously.
> Nothing ailed him, said the farmer of Ingle. [35]
> (George Mackay Brown, *Beside the ocean of time*, London, J. Murray, 1994, p. 137)

Dans la seconde phrase de ce dialogue rapporté, la structure introductive classique avec verbe de discours au prétérit et inversion sujet-verbe (*said the farmer of Ingle*) n'introduit rien, puisque le syntagme précédent ne comporte pas de guillemets, est au prétérit et s'ordonne autour d'un verbe rare en anglais oral sous cette forme transitive et à la troisième personne avec un sujet inanimé et un pronom personnel objet renvoyant à l'énonciateur. Ce bref passage illustre en outre la violation d'une maxime conversationnelle, puisqu'au dialecte écossais de l'enfant succède l'anglais standard.

A cette prolifération d'indices bivocaux et d'effets de marge, jouant le plus souvent sur l'identification de l'origine énonciative, s'oppose l'économie de moyens manifestée dans cet extrait où, en raison de la rareté des marques du

---

[34] L'accotement était encombré d'autos et de camions. Ils durent se garer loin et marcher jusqu'à la maison, vers un brouhaha de voix qu'on entendait à cent pieds. Les gens entraient l'un derrière l'autre dans le salon où, au milieu d'un tourbillon de mousseline, reposait sur des chevalets de scieur drapés de noir le cercueil de Jack. Ils entrèrent furtivement, se frayant à travers la foule un passage jusqu'au salon. Quoyle tenait Bunny par la main et portait Sunshine. Jack pareil à une photo de lui-même, cireux dans son habit du dimanche. Les paupières violettes. En fait, pensa Quoyle, il avait vraiment l'air de dormir.
[35] « Tu ne te sens pas bien, papa ? » dit Ragna angoissé.
Rien ne le faisait souffrir, dit le fermier d'Ingle.

système temporel de l'anglais moderne [36], la présence de la virgule est la seule trace objective du passage au style indirect libre :

> It wasn't a night for any human being to be abroad in, and he thought, how he must hate Chavel. [37] (Graham Greene, *The tenth man*, Harmondsworth, Penguin books, 1985, p.110)

Ailleurs, c'est par le biais du pronom indéfini de troisième personne *one* que Greene introduit la polyphonie indissociable du style indirect libre, après un sec non, entre guillemets mais sans appareil introductif :

> « No.» In childhood, in the country, in the woods behind Brinac one had be-lieved that voices might suddenly speak out of the horns of flowers or from the roots of trees, but in the city when one had reached the age of death one couldn't believe in voices from paving stones. [38] (*ibid.*, p. 66)

Cet indéfini *one* est plus proche du statut de pronom à part entière que son homologue français en ce qu'il possède le cas objet (*one*), le génitif (*one's*) et le réfléchi (*oneself*). On lui substitue d'ailleurs aisément dans de nombreux contextes le pronom de deuxième personne *you* [39].

---

[36]   L'anglais, faut-il le rappeler, ne dispose que d'un temps passé. Il prive de la sorte les linguistes de tous les débats imparfait-passé simple qui occupent trop exclusi-vement les chercheurs sur le style indirect libre du domaine français. Le style in-direct libre existe aussi dans les langues dépourvues de temps comme le chinois. Où faudra-t-il chercher des universaux ?
  Pour une étude approfondie de l'incidence des contraintes inhérentes aux différents systèmes linguistiques et la géométrie des principes formels de chaque langue naturelle, on renverra le lecteur à l'ouvrage classique de Benjamin Lee Whorf (1956).

[37]   Ce n'était pas une nuit à mettre un chien dehors, et il réfléchit, combien il devait haïr Chavel.
  La traduction en français, on le voit, oblige à lever l'ambiguïté temporelle de *must*. De la même façon et avec un résultat identique, on trouve de plus en plus souvent l'adverbe de temps *now* avec un verbe au prétérit et *ago* avec un plus-que-parfait au lieu d'un prétérit. Les mêmes facteurs affectent le choix des déterminants *this* et *that* ou le lexique avec les verbes *come* et *go*. Sur cette vaste question du temps grammatical, on pourra se reporter à B. Comrie (1985).

[38]   « Non ». Pendant l'enfance, à la campagne, dans les bois derrière Brinac on avait cru que des voix pourraient soudain jaillir de la corolle des fleurs ou des racines des arbres, mais en ville lorsqu'on avait atteint l'âge de mourir, on ne pouvait plus croire que des voix allaient surgir des pavés.

[39]   Il est intéressant de remarquer dans le domaine français que Flaubert, grand utili-sateur du style indirect libre reposant sur le pronom indéfini associé à l'imparfait, s'est parfois amusé à malmener ce pronom indéfini en l'affublant d'un cas objet :

4. Les déclencheurs du style indirect libre ?

On aimerait maintenant quitter le terrain sûr, bien balisé et très fréquenté, des traces objectives ponctuelles (temps et aspects verbaux, pronoms, détermination nominale, adverbes de lieu et de temps) manifestant les glissements énonciatifs propres au style indirect libre, pour explorer d'autres espaces de liberté dont la carte n'a jamais été dressée. Il s'agit ici simplement de tenter d'esquisser une hypothèse en considérant d'autres composantes de ces segments diaphoniques : les structures de leur syntaxe, la forme et le contenu du lexique, les types de verbes et la nature de leur environnement immédiat. On se place dans une situation comparable à celle du sociolinguiste étudiant la diglossie et cherchant les facteurs, s'ils existent, qui déclenchent pour un locuteur et une situation donnés, le passage d'une variété à une autre variété de langue (*code-switching*). Nous nous sommes alors demandé s'il existait des éléments, si possible objectifs, qui favorisaient l'apparition du style indirect libre. A la lecture du roman d'Edith Wharton, *Twilight Sleep*, nous avons pu constater, sans nous soucier de quantifier le phénomène, que les passages où survenait le style indirect libre n'étaient en aucun cas répartis uniformément au fil du texte.

Assez souvent la narration ou le dialogue classique cèdent le pas au style indirect libre en fin de paragraphe ou en fin de chapitre lorsque la tension dra-

---

« Mais *on* me blâme de comparaître sur des tréteaux inférieurs, *on* trouve que ..., *on* est difficile à contenter. *On* est un immense sot collectif. Et pourtant, ô Misère, nous travaillons pour amuser *on* ». (Flaubert, *op. cit.*, p. 866)
Ailleurs, dans une lettre à George Sand, Flaubert déplace ce pronom sur le terrain de la deuxième personne :
« On ne s'aime donc plus ! on ne s'écrit plus. On oublie Cruchard. On néglige son vieux troubadour. C'est mal ». (*ibid.*, p. 867)
Dans sa réponse, George Sand attribue à ce même pronom un rôle énonciatif plein de première personne, en le coordonnant à *je* :
« Non certes, on n'oublie pas son Cruchard adoré, mais je deviens si ennuyeuse que je n'ose plus t'écrire ». (*ibid.*, p. 869)
Il ne s'agit pas d'un phénomène isolé. Dans une lettre écrite l'année suivante à une autre correspondante on trouve le même glissement de fonction du pronom de dialogue au pronom de troisième personne :
« j'espère qu'on verra sa belle amie avant une quinzaine. - Merci de sa gentille lettre. Le cher petit la serre dans ses bras ». (*ibid.*, p. 951, à Léonie Brainne.)
L'ancienne rhétorique se contentait de constater de tels échanges « d'un temps, d'un nombre, ou d'une personne, contre un autre temps, un autre nombre, ou une autre personne ». (Fontanier, P., *Les Figures du discours*, Paris, Flammarion, 1968, p. 292, première édition, 1821) Cette figure de construction était connue sous le nom d'énallage.
Sur le rôle de *on* dans les textes narratifs, on lira dans ce recueil les analyses proposées par Sylvie Mellet du pronom indéfini comme agent de variations référentielles et de variations de la perspective.

matique ou psychologique est parvenue à un palier, qu'une pause semble nécessaire. C'est alors que le style indirect libre semble un exutoire à l'énergie accu-
mulée. Tout se passe comme si le schéma narratif, jusque là maîtrisé par
l'instance omnisciente, se trouvait débordé par l'intrusion – brouillage ou inter-
modulation – d'une autre voix. Les traces objectives, les indices possibles de cet
état de fait sont sur le plan syntaxique l'irruption d'exclamations, d'ellipses, de
mises en cause et de questions :

> The how-many-eth dinner did that make this winter ? And no end in sight !
> How could Pauline stand it ? Why did she want to stand it ? (Wharton, E.,
> *Twilight Sleep*, New York, Scribner, 1997, p. 70, première édition 1927). [40]

> This girl ... it was preposterous that she shouldn't understand ! And always
> wanting reasons and explanations at a moment's notice ! to be subjected, under
> one's own roof, to such a perpetual inquisition ... [41] (*ibid.*, p., 189)

> Why, sure enough, he was actually on the edge of the Greystock course ![42]
> (*ibid.*, p., 230)

> Should she go and hunt up all the others ? What difference would that
> make ? [43] (*ibid.*, p., 238)

Ces structures enchâssées dans les développements narratifs vont souvent
de pair avec une surabondance de lexèmes au contenu appréciatif, un relâchement de l'ancrage énonciatif par le recours au passif, une dislocation de la
syntaxe en propositions non-conjuguées et l'écho d'énoncés à la portée générale
dont le verbe reste néanmoins au prétérit :

> He could not bear the idea that Jim's marriage might turn out to be a mere un-
> successful adventure, like so many others. Lita must be made to understand
> what a treasure she possessed, and how easily she might lose it. Lita Cliffe –
> Mrs Percy Landish's niece – to have had the luck to marry Jim Wyant, and to
> risk estranging him ! What fools women were ! If she could be got away from
> the pack of frauds and flatterers who surrounded her, Manford felt sure he
> could bring her to her senses. [44] (*ibid.*, p., 107)

---

[40]   Le combientième dîner cela faisait-il cet hiver ? Et pas de fin en perspective !
       Comment Pauline arrivait-elle à le supporter ? pourquoi était-elle prête à le sup-
       porter ?

[41]   Cette fille ... c'était ridicule qu'elle ne comprenne pas ! Et toujours à exiger immé-
       diatement le pourquoi et le comment ! Etre soumis, sous son propre toit, à pa-
       reille inquisition perpétuelle !

[42]   Mais, bien sûr, il se trouvait en réalité au bord du terrain de golf de Greystock !

[43]   Devait-elle se lancer à la recherche des autres ? A quoi bon ?

[44]   Il ne supportait pas l'idée que le mariage de Jim pût, comme tant d'autres, s'avérer
       une aventure sans lendemain. Il fallait faire comprendre à Lita quel trésor elle

> This was really a lesson to her ! To be imagining [45] horrible morbid things
> about her father while he was engaged in a perfectly normal elderly man's flir-
> tation with a stupid woman he would forget as soon as he got back to town ! A
> real Easter holiday diversion. [46] (*ibid.*, p., 239)

> (Manford [...] then turned to Mrs Herman Toy.) Full noon there ; the usual
> Rubensy redundance flushed by golfing in a high wind, by a last cocktail before
> dressing, by the hurried wriggle into one of those elastic sheaths the women –
> the redundant women- wore. Well ; he liked ripeness in a fruit to be eaten as
> soon as plucked. [47] (*ibid.*, p., 248)

Dans ce dernier extrait, la voix du narrateur s'efface devant celle, tout intérieure,
du personnage surpris par un reflet. La réaction physique du personnage fait
basculer la narration dans le style indirect libre que semble signaler la présence
en surface du démonstratif *that* désignant l'idéal inaccessible, chargé de l'envie et
de tous les regrets de la jeune femme :

> Her glance caught her sister-in-law's face in a mirror between two panels, and
> the reflection of her own beside it ; she winced a little at the contrast. At her
> best she had none of that milky translucence, or of the long lines which made
> Lita seem in perpetual motion, as a tremor of air lives in certain trees. Though

---

possédait et combien il était facile de le perdre. Lita Cliffe – la nièce de Madame
Percy Landish – avoir eu la chance d'épouser Jim Wyant et prendre le risque de le
perdre. Que les femmes étaient sottes ! Si l'on pouvait arracher la jeune femme à la
meute de flagorneurs et d'imposteurs qui l'assiégeait, Manford se faisait fort de la
ramener à la raison.

[45] Une étude d'ensemble s'imposerait du rôle de l'aspect *be+ing* dans le style indirect
libre. On sait en effet que cette forme, combinée au marqueur temporel ou non
(comme ici), manifeste, selon E. Benveniste et les divers exploitants actuels de ses
lumineuses intuitions, le passage dans le domaine notionnel, qu'elle est donc le
contraire d'une forme neutre et se prête au commentaire, à la focalisation sur le
sujet de l'énoncé ou, si l'on veut, au surgissement de la diaphonie propre au style
indirect libre. Les grammairiens anglophones de tradition firthienne se contentent,
pour la même réalité, de parler de valeurs imperfectives.

[46] Ça lui servirait bel et bien de leçon ! Aller imaginer des choses morbides, horribles
sur son père alors qu'il ne s'agissait que du flirt tout à fait normal d'un homme mûr
avec une idiote qu'il oublierait dès qu'il serait rentré à New York. Un vrai divertis-
sement de vacances de Pâques !

[47] Manford dirigea alors ses regards vers Madame Herman Toy. Soleil de midi ;
l'habituelle opulence à la Rubens, cramoisie après une partie de golf disputée par
grand vent, puis le dernier cocktail avant de s'habiller, et enfin l'effort de se glisser
en se tortillant dans un de ces fourreaux élastiques que les femmes – les femmes
opulentes – portaient. Eh bien, il aimait la maturité dans un fruit destiné à être
consommé sitôt cueilli.

> Nona was as tall and nearly as slim, she seemed to herself to be built, while
> Nona was spun of spray and sunlight. [48]

L'auteur laisse au lecteur toute liberté de décodage entre voix du narrateur et
voix du personnage, entre paroles ou pensées rapportées et échos de paroles
remémorées, supériorité insigne du texte artistique sur l'image [49]. Cette double
perspective semblant associer les signifiés du personnage et les signifiants de
l'instance narrative est le plus souvent source d'ironie.

Le retour sans heurt à la voix du narrateur est ici marqué par l'articulation
logique *though* et les deux métaphores qui closent la citation. Le paragraphe
culmine avec l'émergence de la pensée rapportée par le chant devenu mono-
dique du style direct :

> "It's not one of my beauty days," she thought. [50]

5. Conclusion

A travers ces exemples variés que l'on pourrait multiplier à l'infini, nous avons
évoqué les aspects essentiels de la question féconde du discours rapporté à deux
voix superposées, appelé tantôt discours, tantôt style indirect libre. Nous nous
sommes le plus souvent placé dans les espaces intermédiaires, à l'image du géo-
graphe observant les zones de fracture dans l'espoir de mieux décrire l'ensemble
d'une tectonique. Nous pensons avoir montré la présence de marques, objectives sinon univoques [51], de la diaphonie propre au style indirect libre, en particulier dans le texte artistique.

Qu'il existe un continuum traversant les diverses façons de rapporter le
discours n'a rien de surprenant pour le linguiste habitué à la dynamique des
systèmes en équilibre instable. Les Huns, pour tout dire, ne sont pas entrés dans

---

[48]   Une glace entre deux lambris lui renvoya fugitivement, côte à côte, l'image du
       visage de sa belle-sœur et le reflet du sien ; le contraste la fit tressaillir. Même en
       beauté elle était loin d'avoir cette carnation diaphane et laiteuse ou la longue sil-
       houette qui donnait l'impression que Lita était en perpétuel mouvement, comme la
       brise anime certains arbres. Bien que Nona fût aussi grande et presque aussi mince,
       elle se voyait solide et charpentée à côté de Lita tissée d'embruns et de lumière.

[49]   Cette liberté qui naît de l'ambiguïté existe à tous les niveaux de l'organisation lin-
       guistique. Elle affecte en particulier la syntaxe comme dans la question à portée va-
       riable, écho lointain d'une citation de Borges, qui sert de titre à notre texte.

[50]   « Je ne suis pas en beauté aujourd'hui », pensa-t-elle.

[51]   Certaines langues, à la différences des langues européennes, disposent de moyens
       spécifiques pour signaler sans ambiguïté le discours rapporté. Dans des langues
       d'Afrique occidentale, comme le yoruba, il existe des pronoms ne figurant que dans
       des propositions enchâssées sous la dépendance d'une principale dont le verbe est
       un verbe de parole, de pensée ou de perception. Ces pronoms sont dits logopho-
       riques. Voir à ce sujet L. Trask (1993).

la bibliothèque. Le texte artistique, quelle que soit l'époque ou la langue, est fait des mots – et des temps, des aspects, de la syntaxe – de la tribu. Les phénomènes de gradient, de scalarité, le *category squish* caractérisent le langage dans ses emplois ordinaires. Faudrait-il s'affliger de voir ces mêmes phénomènes jouer librement, en particulier dans les produits de la littérature, alors que Wittgenstein lui-même nous invite à préférer à la rigueur de catégories fermées étanches la souplesse épistémologique de l'air de famille et que les musiciens modernes, après Schönberg et l'abolition des différences séparant des harmoniques distinctes, ne se désolent pas de l'existence du *Sprechgesang* entre la parole déclamée et le chant modulé ?

Références

Authier, J. (1992). Repères dans le champ du discours rapporté, *L'information grammaticale* 55 : 38-42.

Banfield, A. (1982). *Unspeakable Sentences*, London : Routledge & Kegan Paul.

Benveniste, E. (1966 et 1974). *Problèmes de linguistique générale*, I et II, Paris : Gallimard.

Chalker, S. (1984). *Current English Grammar*, London : Macmillan.

Comrie, B. (1985). *Tense*, Cambridge University Press (Textbooks in Linguistics).

Couturier, M. (1995). *La Figure de l'auteur*, Paris : Editions du Seuil, (coll. « Poétique »).

Fludernik, M. (1993). *The Fictions of language and the language of fiction*, London : Routledge.

Hurford, J. R. (1994). *Grammar*, Cambridge : Cambridge University Press.

Jaubert, A. (1997). Labyrinthes énonciatifs, *Modèles linguistiques* 18.1 : 17-32.

Lavédrine, J. (1998). Grammaire et lexique. Essai sur les modalités de la signification, *Recherches en linguistique étrangère*, (Annales littéraires de l'Université de Franche-Comté), 19 : 345-359.

Leech, G.N. ; Short, M. (1981). *Style in fiction*, London : Longman.

Quirk, R. ; al. (1985). *A Comprehensive grammar of the English language*, London : Longman.

Trask, L. (1993). *A Dictionary of grammatical terms in linguistics*, London : Routledge.

Valéry, P. (1980). *Cahiers*, Paris : Gallimard (coll. « La Pléiade »), t. 2.

Vetters, C. (1996). *Temps, aspect et narration*, Amsterdam : Rodopi.

Vuillaume, M. (1990). *Grammaire temporelle des récits*, Paris : Les Editions de Minuit.

Whorf, B. L. (1956). *Language, thought and reality*, New York : John Wiley and sons.

Wittgenstein, L. (1953). *Philosophische Untersuchungen*, Oxford : Blackwell.

ANNEXE

Cline of 'interference' in report

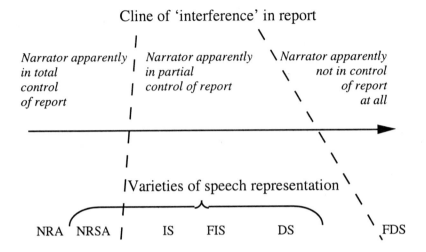

Narrator apparently in total control of report

Narrator apparently in partial control of report

Narrator apparently not in control of report at all

Varieties of speech representation

NRA   NRSA   IS   FIS   DS   FDS

NRA = Narrative report of action, FIS = Free indirect speech
(d'après Leech, G.N. ; Short, M. 1981)

A propos de deux marqueurs de « bivocalité »

Sylvie MELLET

C.N.R.S. – UPRESA « Bases, Corpus et Langage »

L'époque est bien finie où l'on pouvait opposer naïvement deux types de discours rapportés, le discours direct et le discours indirect, catégories parfaitement étanches caractérisées par des critères distinctifs univoques (guillemets *vs.* subordination) qui ne laissaient au mieux qu'un strapontin inconfortable au style indirect libre considéré comme le bâtard de la famille. Dans les textes les formes mixtes semblent se multiplier – qu'il s'agisse là d'une évolution réelle caractéristique d'une certaine modernité ou d'un effet de perspective lié à une nouvelle perception des faits [1] – et, dans les essais de théorisation, la notion de *continuum* bat en brèche la stricte opposition binaire du traditionnel diptyque. Cette notion est au cœur de la thèse de Laurence Rosier (1998) consacrée au discours rapporté, mais elle est déjà explicitée très nettement par C. Kerbrat-Orecchioni (1970 : 167) : « Entre la distance maximale et l'appropriation totale par L_0 des propos tenus par L_1, tous les degrés intermédiaires se peuvent rencontrer ». Par voie de conséquence, dans les œuvres littéraires, comme dans le discours quotidien, de nombreux passages sont ambigus : telle proposition à l'imparfait relève-t-elle encore de la narration ou constitue-t-elle déjà un segment de discours rapporté ? Tel autre passage exprime-t-il les « pensées représentées » du personnage ou l'opinion de l'auteur ? Tel syntagme verbal avec sujet inversé joue-t-il le rôle d'incise support du discours rapporté ou poursuit-il la description du récit ?

Hétérogénéité et ambiguïté, telles semblent donc être les caractéristiques de notre objet d'étude. Faut-il pour autant baisser les bras devant l'infinie liberté et l'infinie créativité du langage en général et du texte littéraire en particulier ? Ou bien, autre tentation plus subtile, faut-il réduire l'analyse à l'examen de la progression sémantico-logique du texte, en s'appuyant uniquement sur la cohérence extra-linguistique susceptible de sous-tendre celui-ci ? De telles attitudes seraient, pour le linguiste, de véritables démissions ; car si, comme l'écrit R. Martin (1983 : 96), « le D.I.L., par nature, plonge dans l'ambiguïté », il faut bien que pour ce faire il dispose de structures linguistiques ambiguës ; s'il manifeste l'hétérogénéité énonciative, il faut bien que certains marqueurs autorisent la double référence - soit qu'ils affichent cette dualité en tout contexte d'apparition (signifié polysémique mixte ou plurivoque) [2], soit que, selon le contexte, ils se trouvent compatibles tantôt avec l'un, tantôt avec l'autre des ancrages énonciatifs possibles. Il y a donc bien matière à enquête linguistique, non pas en dépit, mais à cause même des traits d'« ambiguïté », de « mixité », de « bivocalité » et

---

[1]   Cf. B. Cerquiglini (1984).
[2]   Cf. C. Fuchs (1997).

autres que l'on reconnaît au style indirect libre [3]. Cette contribution tentera donc de dégager quelques éléments constitutifs de cette « véritable syntaxe de l'insertion de la parole » que B. Cerquiglini appelle de ses vœux [4]. Dans cette perspective nous étudierons plus particulièrement ici deux morphèmes polysémiques qui apparaissent comme des indices forts dans la reconnaissance du style indirect libre : les formes verbales en *-ais/-ait* d'une part (et, au premier chef de celles-ci, l'imparfait), le pronom personnel indéfini *on* d'autre part.

1. L'imparfait ou l'anaphore temporelle mixte

La place prépondérante de l'imparfait (et des tiroirs associés, plus-que-parfait et conditionnel) dans les passages de style indirect libre est une évidence déjà largement commentée. En revanche, l'explication strictement linguistique n'en est pas toujours donnée avec netteté : les commentaires glissent très vite vers des considérations contextuelles après une allusion plus ou moins vague à la valeur aspectuelle de l'imparfait. En tant qu'imperfectif, celui-ci permettrait d'accompagner le déroulement du discours rapporté, de donner à entendre les propos d'autrui dans la linéarité même de leur énonciation première. En tant que forme d'arrière-plan opposée au passé simple, l'imparfait permettrait aussi d'exprimer le décalage entre l'énoncé rapporté et son énonciation. Contextuellement, ces remarques ont leur part de vérité. Néanmoins, elles ne nous satisfont pas pleinement : d'une part elles reposent sur une analyse générale du signifié de l'imparfait discutable dans l'un et l'autre cas [5], d'autre part elles ne rendent compte qu'approximativement de l'adéquation totale entre imparfait et style indirect libre en contexte narratif passé. Or cette adéquation est inscrite au cœur même des opérations mentales sous-jacentes à la construction des formes en *-ais/-ait* qui impliquent toujours un double ancrage énonciatif : ce sont des formes qui, en soi, sont « bi-vocales », pour reprendre une expression de J. Authier (1993 : 15).

---

[3]   Rappelons cependant que l'ambiguïté *stricto sensu* correspond aux cas où l'on a à choisir - sans avoir les moyens de le faire - entre deux interprétations disjointes et alternatives (cf. C. Fuchs 1997). Or, comme le remarque M. Vuillaume ici même, les vrais cas d'ambiguïté sont extrêmement rares. Seules quelques phrases de transition à l'imparfait pourraient en fournir des exemples : le contexte ne permet pas de décider s'il convient de les attribuer au narrateur ou à l'énonciateur dont on vient de rapporter les propos (cf. § 1.3). Et encore peut-on penser, au vu de l'exploitation littéraire de ces imparfaits, qu'il s'agit là plutôt d'une sous-détermination délibérée de la part de l'écrivain, d'une exploitation intentionnelle de la plurivocité du tiroir verbal.

[4]   Cité par L. Rosier (1998).

[5]   Pour une critique approfondie voir par exemple A.-M. Berthonneau et G. Kleiber (1993).

1.1. La bivocalité des formes toncales

User d'un imparfait, c'est en effet donner à voir un procès passé de l'intérieur, à partir d'un point de vue lui-même situé dans le passé, fourni préalablement par le contexte et instauré par celui-ci comme origine secondaire des repérages énonciatifs [6]. Cette translation vers le passé des coordonnées déictiques n'occulte cependant pas entièrement le *hic et nunc* du narrateur, qui reste disponible comme repère ultime, ne serait-ce que pour permettre le calcul temporel faisant de l'imparfait un temps du passé [7].

Le procès décrit à l'imparfait est donc, en tout contexte, soumis à un **double repérage** qu'on peut résumer par la formule : $< p = Sit_1 \neq Sit_0 >$, soit simultanéité partielle ou totale [8] avec la situation passée avec laquelle l'imparfait est en relation anaphorique [9] et antériorité par rapport au *nunc* du narrateur ; ce double repérage est le propre d'une forme « toncale ». Il justifie la véritable corrélation (au sens statistique du terme) maintes fois observée entre ces formes et le style indirect libre en contexte passé.

En effet, le discours rapporté suscite la présence dans le texte de deux sujets énonciateurs ; cette double présence active tout particulièrement la dualité du repérage énonciatif porté par les formes en *-ais* ; d'où l'impression fortement ressentie à la réception d'avoir affaire à une **énonciation en surimpression**. L'imparfait est donc linguistiquement, et non pas seulement stylistiquement, un marqueur de style indirect ; cette valeur d'emploi fait partie de ses capacités dénotatives et non pas connotatives ; il suffit pour s'en convaincre de comparer les variantes des deux textes suivants :

(1)   En vain, il parla de la sauvagerie du pays et de la difficulté pour une femme d'y voyager : elle ne craignait rien, elle aimait par dessus tout à voyager à cheval ; elle se faisait une fête de coucher au bivouac. (Mérimée, *Colomba*)

(1 bis) En vain, il parla de la sauvagerie du pays et de la difficulté pour une femme d'y voyager : elle ne craignit rien [et partit] ; elle aima (...) ; elle se fit une fête de coucher au bivouac.

(2)   Fallait-il qu'on la méprisât pour la traiter de la sorte ! Elle ne pouvait plus se taire maintenant. Elle n'en avait plus la force, elle n'en voyait plus le besoin !

---

6   Sur la notion de point de vue, voir H. Chuquet (1998).

7   Cette disponibilité toujours latente du *hic et nunc* explique pourquoi on ne peut pas construire tout à fait librement des expressions déictiques à partir du repère translaté : il pèse des contraintes sur l'emploi des adverbes tels que *hier, aujourd'hui,* etc. dans la mesure où, en contexte d'imparfait, leur repérage est soumis à une double tension, vers le repère primaire et vers le repère secondaire.

8   Nous n'entrerons pas dans ce débat sur l'extension de la simultanéité, qui oppose par exemple A. Molendijk à G. Kleiber ; la question ne semble pas fondamentale pour notre propos.

9   Pour le plus-que-parfait, ce premier repérage établit une relation d'antériorité et pour le conditionnel une relation de postériorité.

Elle commença d'une voix acide, sifflante. (H. Troyat, *Le Vivier*, cité par J.-M. Adam in *I.G.* 70, p. 14)

(2 bis)   Fallait-il qu'on la méprisât pour la traiter de la sorte ! Elle ne put plus se taire [10]. Elle n'en eut plus la force, elle n'en vit plus le besoin. Elle commença d'une voix acide, sifflante.

Là où le passé simple se construit en seule référence aux coordonnées déictiques de l'énonciation primaire (passé saisi globalement par le narrateur qui a sur lui un point de vue dominant), les imparfaits actualisent aussi un point de vue passé qui ne peut être que celui du personnage mis en scène à ce moment-là (passé saisi de l'intérieur, en vision sécante) ; le contexte permet ensuite de déterminer si ce point de vue interne a été exprimé par des mots ou s'il s'agit seulement de « pensées représentées ».

1.2. Anaphore méronomique et enchaînement textuel

La valeur en langue des différents temps du passé explique aussi pourquoi certaines propositions qui, sémantiquement, doivent nécessairement être attribuées à l'énonciateur second ne peuvent offrir qu'une forme verbale en *-ais / -ait* (imparfait, plus-que-parfait ou conditionnel) ; de tels segments apparaissent soit sur fond de narration, soit – plus rarement – sur fond de style direct :

(3)   La conversation roula d'abord sur (...). Le monsieur (...) donna des conseils au jeune homme ; il exposait des théories, narrait des anecdotes, se citait lui-même en exemple (...).
       Il était républicain ; il avait voyagé, il connaissait (...)
       Frédéric lui confia bientôt ses projets ; il les encouragea. (G. Flaubert, *L'Education sentimentale*, Classiques Garnier, ch. 1, p. 3)

(4)   Elle le rappela. C'est Marguerite Muir à l'appareil. *Elle appelait de son cabinet.* Je ne sais pas si vous vous souvenez de moi. Il se souvenait d'elle. Je suis venue vous voir à propos d'un. *Il se souvenait très bien.* Vous avez bonne mémoire. Oui, enfin. (Christian Gailly, *L'incident*, Les Editions de Minuit, pp. 121-122)

Dans l'exemple (3) *il exposa, narra, se cita* seraient possibles : on est encore à la frontière de la narration prise en charge par Flaubert lui-même ; il s'agit de résumé en substance et les imparfaits employés par le romancier sont encore des imparfaits narratifs, offrant une transition entre le récit et le style indirect libre (cf. § 1.3). En revanche *Il fut républicain, voyagea, connut* paraîtraient incohérents. Dans l'exemple (4), *Elle appela de son cabinet* donnerait l'impression que le récit bégaye, reprenant le verbe introducteur alors même que la conversation

---

[10]   On notera que le remplacement de l'imparfait par le passé simple incite à supprimer l'adverbe *maintenant* (bien que cette suppression ne soit pas tout à fait obligatoire et que l'on puisse envisager un « Maintenant elle ne put plus se taire »). On doit aussi faire disparaître dans la phrase suivante le marqueur de modalité subjective représenté par le point d'exclamation.

téléphonique est déjà entamée ; *Il se souvint d'elle* serait à la rigueur possible, manifestant une intrusion du narrateur dans le dialogue de ses personnages, mais *Il se
souvint très bien* nous paraît douteux, l'évaluation *très bien* ne pouvant être prise en
charge que par la personne qui se souvient et faisant écho à la réponse quasi
figée « oui, oui, je me souviens très bien » [11].

On voit poindre là les contraintes de la cohérence textuelle, tant il est vrai
que l'étude du style indirect libre d'une part, celle de l'imparfait temps anaphorique d'autre part, ne peuvent être que transphrastiques et conduire à une linguistique textuelle.

L'analyse en termes de double repérage énonciatif des formes en *-ais* induit
de facto la relation anaphorique entre le procès repéré et la situation passée
fournie comme repère par le contexte antécédent. Or, comme l'a montré A.
Molendijk (1996 : 113-116), « l'antécédent temporel d'une phrase P est un fait
auquel P est relié à l'aide d'un rapport textuel 'logique' » ('logique' étant ici à
prendre au sens le plus large et englobant les rapports de « précision » ou
« explicitation » du fait ou de la situation A par le fait ou la situation B).
L'emploi d'un imparfait conduit donc aussitôt à rechercher dans le contexte
antérieur le fait avec lequel cet imparfait pourra entretenir à la fois un rapport de
simultanéité (repérage par identification) et un lien logique assurant la cohérence
textuelle ; en même temps se définit la nature sémantique exacte de ce lien logique.

Ainsi, dans l'exemple (3), la seule situation accessible pour le repérage anaphorique des formes en *-ait Il était républicain, il avait voyagé, il connaissait* est la
situation de conversation en cours et, notamment, les discours de M. Arnoux.
Les impératifs de simultanéité d'une part, de lien logique d'autre part imposent
alors la reconnaissance d'un style indirect libre grâce auquel les enchaînements
textuels peuvent se faire sur la base de la relation d'explicitation (*il exposait ses
théories* → *il était républicain, il narrait des anecdotes* → *il avait voyagé, il connaissait*) [12].

On le voit, la relation contenant / contenu mise en avant par G. Guillaume
n'est pas du tout fondée, comme celui-ci le prétend, sur le fait que
l'imparfait n'aurait « point d'attache temporelle positive » [13], mais bien plutôt sur
l'existence d'une double attache dont l'une, construite par translation des coordonnées déictiques, assure le lien de l'énoncé rapporté avec son énonciateur
initial.

On sait qu'en revanche le passé simple exclut toute saisie interne du procès
et tout lien anaphorique avec une situation antérieure : sa valeur aspectuelle,
caractérisée par un cinétisme ascendant et par une vue globale du procès, en fait
le temps de la successivité narrative par excellence ; son emploi répété suggère

---

[11]   On notera aussi le rôle de l'alternance dialogique imposée par la situation et qui
        permet d'attribuer alternativement chaque énoncé à l'un de deux interlocuteurs.
[12]   Nous rejoignons là les analyses d'A.-M. Berthonneau et G. Kleiber (1996 ; 1997),
        dont les articles ne nous ont été accessibles qu'après la rédaction de ce texte.
[13]   Leçon du 16 mars 1944 (G. Guillaume 1990 : 220), citée par L. Rosier (1997 : 281).

une progression d'un procès à l'autre, « il inscrit le procès dans l'appréhension ascendante du temps (...). Tout PS oriente *potentiellement* donc vers un point référentiel 'successif' » [14]. C'est pourquoi les enchaînements textuels au passé simple dans les exemples 3 et 4 ne seraient pas cohérents : comment inscrire un voyage dans la successivité des répliques d'une même conversation ? Comment appeler à nouveau quelqu'un qu'on a déjà au bout du fil ? Soulignons qu'il ne s'agit pas là d'« accomodations contextuelles » : il s'agit de la convergence – ou, mieux encore, de la mise sous contrainte réciproque – des lois de l'enchaînement textuel et du signifié linguistique propre de chaque forme verbale.

1.3. L'imparfait, forme transitionnelle

Parce qu'elles sont bi-vocales, ou mixtes, ou polysémiques plurivoques [15], les formes toncales s'installent volontiers en zone de transition, assurant la continuité et la cohésion textuelle entre récit et discours directement rapporté [16].

Alors que le discours direct souligne la rupture énonciative par l'irruption d'un second locuteur imposant ses propres coordonnées déictiques au détriment de celle du narrateur, alors que le discours indirect, à l'opposé, martèle l'emprise du narrateur sur le discours d'autrui en multipliant les marques d'appropriation, bref, alors que l'un et l'autre exhibent la différence entre les deux instances énonciatives concurrentes, le propre du style indirect libre est de rendre cette différence insensible, de proposer la cohabitation, voire la superposition des deux voix : dans ce contexte l'imparfait, « temps idéalement translatif (…) où fusionne sans démarcation le va-et-vient des consciences », « assure la transition dans l'énonciation 'alternative' » [17] ; forme de discours et de récit tout autant, ce temps s'offre alors pour assurer au lecteur un passage en douceur d'un niveau énonciatif à l'autre – ou pour lui brouiller les cartes, c'est selon !

Bien souvent en effet la fonction de transition de l'imparfait est exploitée par l'écrivain pour laisser planer un doute délibéré sur la frontière entre narration / description et discours rapporté :

(5)   Mme Moreau nourrissait une haute ambition pour son fils. Elle n'aimait pas à entendre blâmer le gouvernement, par une sorte de prudence anticipée. Il aurait besoin de protections d'abord ; puis, grâce à ses moyens, il deviendrait conseiller d'Etat, ambassadeur, ministre. Ses triomphes au collège de Sens *légitimaient* cet orgueil ; il *avait remporté* le prix d'honneur.
        Quand il entra dans le salon (...). (Flaubert, *L'Education Sentimentale*, Classiques Garnier, ch. 1, p. 10)

---

[14]   J. Bres (1997 : 89).
[15]   Cf. introduction.
[16]   Cf. S. Mellet (1998). Le phénomène est également observé et analysé par A. Jaubert, ici-même, dans son § 4.1.
[17]   A. Jaubert (1990 : 52 et 55).

Il nous paraît difficile ici de déterminer avec certitude si la phrase *Ses triomphes (...) d'honneur* appartient ou non au discours de Mme Moreau [18] : c'est par ce glissement subreptice que le narrateur reprend la main.

Les extraits suivants sont des exemples extrêmes de ce procédé dans la mesure où le glissement d'un mode énonciatif à l'autre se fait de manière très resserrée, à l'intérieur d'une seule et même phrase :

(6)   Elle hésita une seconde, *vraiment il lui plaisait bien,* mais non, dit-elle enfin, c'est moi qui rappellerai. (Jean Echenoz, *Les grandes blondes*, Les Editions de Minuit, p. 215)

(7)   Qu'est-ce que je vais faire d'elle (*i.e.* une pochette perdue) ? se redemanda-t-il. La remettre à la milice de l'hyper ? Non sûrement pas. Je ne peux pas les blairer. Je les ai vus torturer un môme. Alors à qui ? Aux flics ? Oui, pourquoi pas ? Je ne les aime pas beaucoup non plus ceux-là, mais il se trouve que, là, *il avait besoin d'eux.* Il monta dans sa voiture, (...). (Christian Gailly, *L'incident*, Les Editions de Minuit, p. 39)

(8)   L'une des deux interlocutrices de Mortier, à moitié ivre, vint me parler de son mari, l'échalas qu'elle prétendait détective. (...) Le pauvre chou, continuait-elle, était détective en charge des virus informatiques (...), des heures devant ses consoles à tenter de localiser les perceurs de code. *Il venait de faire coffrer deux pirates à Singapour pour Internet* et alors vous, vous êtes courrier de cabinet c'est passionnant. Je répondis que (...). (Patrick Deville, *La femme idéale*, Les Editions de Minuit, p. 69)

On note que ces exemples appartiennent tous à la littérature contemporaine. Aurait-on affaire à un procédé caractéristique d'une époque ? Oui et non : oui, car l'effet stylistique est manifestement forcé par rapport à ce que s'autorisait le roman classique ; les possibilités offertes par la langue sont exploitées à l'extrême et faire ainsi jouer le langage – comme on ferait jouer une articulation un peu laxe – est à l'évidence une des voies explorées par les écrivains d'aujourd'hui. Mais il faut parallèlement souligner que la résorption des décalages énonciatifs caractérise depuis toujours un certain type de prose narrative, celle qui se doit de capter un auditeur ou d'emporter la pleine adhésion d'un lecteur : c'est l'esthétique même du conte, y compris dans ses formes les plus littéraires [19].

---

[18]   De nombreux autres exemples émaillent les contributions de ce recueil, notamment celles de M. Juillard et de M. Vuillaume. Rappelons en outre que, dans le D.I.L., le mot *discours* recouvre aussi bien les pensées que les paroles rapportées.

[19]   Je remercie A. Jaubert de m'avoir signalé l'existence de phénomènes apparentés à ceux décrits ici dans des textes plus anciens, par exemple chez Voltaire et chez Crébillon, mais toujours dans des contes.

Par ailleurs, cette aptitude à assurer la transition entre les différents modes
énonciatifs permet le transfert sur le récit d'éléments phraséologiques ou même
phonétiques typiques du style direct (élision, liaison) :

(9)   - N'y va les gars ?
           - Les gars ont dit oui z'y allaient. Et z'y allaient joyeux comme à la teuf. (Annic
           Saumont, *Après*, Editions Julliard, p. 34)

La « parlure » des personnages déborde ainsi sur la narration, assurant une
homogénéisation qu'aiment à explorer de nombreux romanciers contemporains.

D'autres se livrent à des jeux de déconstruction ou démythification de
l'écriture romanesque, véritables clins d'œil à l'adresse du lecteur ; dans
l'exemple suivant, la redondance sous trois modes énonciatifs différents (style
direct, style indirect libre, récit) souligne avec humour la vacuité des propos
échangés, peut-être même celle de certains modèles narratifs :

(10)   - Et toi alors ? Tu m'appelais pour quoi ?
           - Pour la pelouse. Elle appelait pour la pelouse. Suzanne appelait Georges pour
           la pelouse. (Christian Gailly, *L'incident*, Les Editions de Minuit, p.53)

Se trouvent ainsi restituées les redondances de la conversation quotidienne, dans
une progression qui va de la mimésis du discours direct (avec réponse tronquée)
à la garantie d'authenticité des propos rapportés par un narrateur omniscient en
passant par la connivence polyphonique du style indirect libre.

Quoi qu'il en soit des diverses exploitations auxquelles se livrent les écrivains, elles reposent donc toutes sur cette capacité paradoxale des formes en
-ais/-ait d'assurer la cohérence et la cohésion textuelles tout en introduisant
l'hétérogénéité énonciative, paradoxe qui ne peut se comprendre que dans le
cadre d'une analyse, énonciative elle aussi, des opérations sous-jacentes au signifié de ces formes verbales qui conjoignent toujours deux repérages, à l'intérieur
de deux systèmes de coordonnées différents dont le second est translaté par
rapport au premier.

2. Le pronom « on » ou l'anaphore pronominale ambiguë
2.1. Variations référentielles et variations de la perspective énonciative

Chacun sait que le pronom indéfini ON est, en quelque sorte, un pronom à tout
faire : dit de « troisième personne » sans doute parce qu'il impose ce rang à la
forme verbale dont il est le sujet, il peut de fait souvent commuter avec *quelqu'un*
ou *les gens* lorsqu'il correspond à un véritable indéfini. Mais le langage familier
nous a habitués à y voir aussi un équivalent possible de *nous* ; et dans certains
emplois ironiques ou hypocoristiques, ON peut se substituer à un pronom de
deuxième personne. Selon les contextes, ces valeurs sont exclusives (indéfini
excluant le locuteur, *on* à valeur de *nous* excluant l'interlocuteur, etc.) ou peuvent

au contraire voir leur opposition neutralisée (ON prenant alors une valeur mixte ou une valeur sous-déterminée selon les cas). Ce sont là phénomènes bien connus [20], pour lesquels les explications linguistiques sont en revanche moins fréquentes. Parmi les plus convaincantes, on rappellera celle d'I. Tamba (1989 : 11) :

> (...) ON partage avec JE, TU, etc., la fonction d'actant-sujet d'un prédicat verbal et renvoie, à travers ce rôle sémantico-syntaxique, à quelque personne. Mais, à la différence de JE, TU, etc. ON, dépourvu de 'rang énonciatif' propre désignable par une forme tonique particulière comme MOI pour JE ou TOI pour TU, n'indique pas qu'il existe un rapport entre cet actant-sujet et l'un des partenaires de l'interlocution. Autrement dit, ON ne permet pas d'identifier son référent humain par référence directe aux relations interlocutives marquées par les pronoms personnels de rang 1 et 2. C'est seulement par son intégration au prédicat verbal à titre d'actant du procès délocuté que ON reçoit une interprétation référentielle situationnelle. Et ce sont les déterminations locales, que reçoit le prédicat verbal intégrant ON, qui guident l'identification du référent de celui-ci.

Au titre de ces « déterminations locales », les relations sémantiques de la proposition, les indicateurs spatio-temporels et notamment le temps verbal, les possibilités anaphoriques offertes par le contexte jouent un rôle important. De tels éléments sont évidemment variables au sein d'un texte et l'évolution du contexte proche oblige souvent à identifier plusieurs référents différents pour les occurrences successives du pronom ON, comme l'illustre l'extrait suivant :

(11)   [Le personnage principal, Personnettaz, vient de s'installer dans un bar avec deux femmes, Gloire et Donatienne ; tous reviennent d'une promenade au phare où il a la nette impression que Gloire a cherché à le pousser et à le faire basculer dans la mer - « incident » fréquent dans le roman ; une sorte d'ange gardien l'a sauvé. Tout s'est passé très vite et Personnettaz, très perturbé, se demande s'il n'a pas rêvé]
Généralement Personnettaz évite l'alcool, mais après le phare *on avait besoin* d'un remontant. *On était* légèrement engourdi comme à l'issue d'un match ou d'une première, quand *on se remet* de son effort dans les vestiaires ou dans la loge. *On a quitté* son rôle, son maillot, son costume, *on rendosse* la tenue civile, *on revient* à la vie. *On souffle, on respire* calmement. *On pourrait* échanger des propos apaisés (...), mais d'abord pendant quelques minutes *on ne se dit carrément rien.*
Généralement il évite aussi le tabac, mais comme l'envie, par exception lui en venait, Personettaz s'absenta un moment. Lorsqu'il revint, porteur d'ultralégères équipées de filtres à trois étages, Donatienne avait commencé de s'expliquer. D'exposer ses activités pour la télévision, son style de travail, ses projets d'émissions - *parmi quoi celle qu'on voulait faire sur Gloire, cause de ce qu'on lui courait après depuis deux mois. On y tenait toujours à cette émission, Donatienne y tenait beaucoup tout comme son chef nommé Salvador.* Acceptrait-elle à présent d'y participer ?

---

[20]   Cf. F. Atlani (1984), J. François (1984), Ch. Muller (1979) et C. Viollet (1988).

(...) Je vous demande seulement de rencontrer Salvador, ensuite vous ferez ce que vous voudrez.
Ensuite, notez que ce serait plutôt pas mal payé, voyez. *On ne manquait pas de liquidités. On avait déjà pas mal dépensé* pour aller chercher Gloire à l'autre bout du monde.
(...) Donatienne tâcha tant qu'elle put de convaincre Gloire du bien-fondé de ses propositions. L'argent, le monde, le succès retrouvé, pourquoi pas le début d'une nouvelle carrière *et tant qu'on y est l'amour, et on en prend un autre ? On en prit un autre qu'on vida* puis Gloire se leva et prit congé. (Jean Echenoz, *Les grandes blondes*, Les Editions de Minuit, pp. 225-227)

Les deux premières occurrences de *ON* renvoient très nettement à Personnettaz : c'est lui qui a besoin d'un remontant et qui est engourdi ; ensuite le texte glisse vers des considérations générales par l'intermédiaire de la comparaison en *comme* et le recours à la forme de présent : le pronom *ON* prend lui aussi cette portée indéfinie générale, englobant *grosso modo* tous les sportifs et les artistes. L'incertitude quant au référent exact du même pronom surgit, nous semble-t-il, dans la dernière phrase du premier paragraphe (*on pourrait ..., mais ... on ne se dit carrément rien*) où le sémantisme des prédicats est particulièrement adapté à la situation particulière du personnage, sans toutefois être totalement incompatible avec l'interprétation à portée générale induite par la comparaison de la deuxième phrase ; ce flou interprétatif semble d'ailleurs se propager rétroactivement sur les deux propositions précédentes : *on souffle, on respire calmement*. La surdétermination [21] de l'anaphore pronominale et l'absence de valeur déictique propre à la forme de présent contribuent donc à effacer les frontières entre comparant et comparé et donnent ainsi plus de vérité sensible à cette comparaison.

Dans le deuxième paragraphe, le pronom *ON*, manifestement en style indirect libre, renvoie à la locutrice Donatienne et éventuellement aux personnes qu'elle associe à son projet, ce que précise d'ailleurs la reprise de la dernière proposition à l'imparfait. Le quatrième paragraphe est passible de la même analyse.

Quant au dernier paragraphe, sorte de feu d'artifice dans le jeu avec le pronom et les modalités énonciatives, il s'autorise à transférer du discours direct libre vers la narration (cf. passé simple) une formule stéréotypée (*on en prend un autre ?*) dans laquelle le *ON* inclut en général l'asserteur primaire ; or rien ici ne permet pourtant de penser que le narrateur, asserteur de la dernière proposition, vide un verre avec ses personnages : depuis le début du roman, nous avons affaire à un récit exclusivement extra-diégétique. La seule interprétation reste

---

[21]   Cf. C. Fuchs (1991) : il y a surdétermination lorsque les deux valeurs possibles de la forme se composent en « une signification globale mixte, ambivalente » n'excluant ni l'une ni l'autre.

alors celle d'un jeu d'écriture manifestant une distance ironique vis à vis du stéréotype narratif [22].

Par delà le détail de l'analyse stylistique de ce texte, l'important est de souligner à quel point les changements de référent pour le pronom ON sont étroitement liés aux changements de perspective énonciative. Ceci tient à une propriété caractéristique du pronom que I. Tamba résume ainsi : « toute assertion d'un procès dont l'actant-sujet est désigné par ON implique, sauf indications contraires, l'asserteur ou personne de rang 1 » (1989 : 15). Qu'on ne se méprenne pas : une telle implication ne se situe pas nécessairement au niveau du procès et l'emploi de ON ne classe pas *ipso facto* l'asserteur parmi les actants de celui-ci. L'implication est ici énonciative : ON signe la présence d'un asserteur, c'est-à-dire d'un locuteur qui s'engage personnellement vis-à-vis de la proposition énoncée et qui tente de faire partager son point de vue au(x) co-énonciateur(s). Cette valeur de ON explique le sentiment de connivence souvent induit par l'emploi de ce pronom [23]. Cette implication est en outre indispensable pour justifier la possibilité d'employer un ON sujet en proposition assertive non modalisée [24].

Par ailleurs, l'engagement assertif étant ainsi porté par un pronom sujet, il est souvent interprété, en contexte, comme la trace d'une participation plus ou moins active de l'énonciateur au procès décrit par une sorte de contamination entre la fonction syntaxique du pronom et les implications énonciatives de son emploi ; souvent, mais pas toujours bien sûr et certains contextes excluent cette interprétation (par ex. *on* **m**'*a dit que*). Néanmoins, il est probable que le récepteur, dans la recherche d'un interprétant pour l'indéfini, ait comme premier réflexe de voir s'il peut intégrer l'asserteur au nombre des actants-sujets – au moins potentiels – du procès.

---

[22]   Les deux dernières occurrences de ce texte expriment donc un transfert sur le récit d'une parlure propre au discours des personnages exactement comparable à ce que nous avons observé dans l'exemple (9) à propos de l'imparfait. Là encore s'affiche délibérément un phénomène de surimpression, comme lorsque deux photos se superposent sur le même cliché.

[23]   « L'indéfini (...) permet de réunir dans un même anonymat le scripteur, les personnages et le lecteur » (C. Oriol-Boyer (1991 : 221). A ce titre, l'emploi récurrent du pronom *on* a sans doute été l'un des outils linguistiques du succès commercial étonnant du livre de Ph. Delerm : *La première gorgée de bière et autres plaisirs minuscules* (L'Arpenteur, 1997). Cf. aussi ce passage de *Mademoiselle Chambon* d'Eric Holder : « On est voisines, alors. Elles rirent. Elles ignoraient pourquoi elles riaient. C'était de complicité, c'était ce 'on'... » (Flammarion, 1996, p. 94).

[24]   Révélatrices à cet égard sont les différences de compatibilité entre *on* et *n'importe qui* ; comparez : *on a dit que* / **n'importe qui a dit que* / *n'importe qui a pu dire que*. L'opposition entre les deux indéfinis montre à l'évidence que *on* fournit le repère stabilisé nécessaire à l'assertion de la relation prédicative là où *n'importe qui* laisse subsister une altérité notionelle que seule peut assumer une modalisation de l'énoncé.

Or, en contexte de discours rapporté, la situation se complique du fait que le contexte fournit deux asserteurs concurrents : l'apparition d'un asserteur secondaire à côté du narrateur est susceptible de modifier la référence de ON, voire de le rendre parfaitement ambigu. Inversement, l'emploi de ce pronom comme sujet d'un procès qui, pour des raisons logiques et sémantiques, ne saurait être attribué au narrateur facilite, en contexte favorable bien sûr, l'hypothèse qu'on a affaire à du discours rapporté et induit la recherche d'un asserteur secondaire : ON est alors indice complémentaire de style indirect. Tel est bien le cas dans notre texte où le pronom ON associé à l'imparfait assure l'expression du style indirect libre aux endroits charnières déjà détectés précédemment, c'est-à-dire entre narration et style direct ou entre style direct et narration :

> – *Donatienne avait commencé* de s'expliquer (...). *On y tenait* toujours beaucoup à cette émission. Accepterait-elle d'y participer ? *Je vous demande* seulement (...)
> – Ensuite, *notez que* ce serait plutôt pas mal payé, voyez. *On ne manquait pas* de liquidités (...). *Donatienne tâcha* tant qu'elle put de convaincre Gloire (...)

Naturellement la permanence d'un même morphème au fil des différents paragraphes pour renvoyer à des personnes différentes - ou de statuts énonciatifs différents - contribue à brouiller les repérages, à effacer les limites [25] : mixité, ambiguïté, bivocalité sont encore des termes descriptifs appropriés.

2.2. «On» ou le contournement de l'anaphore pronominale obligatoire

On le sait, même en style indirect libre, l'anaphore pronominale reste une marque d'indirection obligatoire. Or l'emploi du pronom ON permet justement de s'affranchir d'une telle obligation.

On remarque en effet que, la forme ON étant susceptible d'apparaître en style direct à la place d'un *je* ou d'un *nous*, il est impossible de restituer exactement la phrase prononcée par le locuteur dont on rapporte les propos : ainsi, dans l'exemple précédent, Donatienne peut avoir dit « On ne manque pas de liquidités » aussi bien que « Nous ne manquons pas de liquidités » ; de même, dans l'exemple suivant :

(12)   Non content de ne pas savoir s'y prendre avec Donatienne, il ne savait pas trop non plus comment procéder avec Gloire. Il hésitait encore. Que faire au juste. Lui parler. La convaincre qu'on ne lui veut aucun mal. S'emparer d'elle en force. En douceur. L'expérience avait assez montré que toute surveillance, toute tentative d'approche ou de contact aboutissaient à de violentes réactions. *On allait voir, on tâcherait de faire au mieux.* (Jean Echenoz, *Les grandes blondes*, Les Editions de Minuit, p. 221)

---

[25]   Tout élève de sixième sait d'ailleurs que c'est là une pratique prohibée en rédaction !

Personnettaz peut s'être dit à lui-même « Je vais voir » ou « On va voir, on verra bien ».

En (13), les habitudes du langage familier d'une part, la portée morale générale de la phrase énoncée d'autre part imposent sans doute d'entendre déjà l'indéfini dans le discours direct originel :

(13)   [Comment faire manger des asperges à quelqu'un qui ne les aime pas] : Na-
         guère, Muriel invoquait la nécessité d'écouler la production du potager
         d'Henriette. Henriette elle-même y allait de son couplet : *on n'allait tout de même
         pas jeter la nourriture.* (J.-P. Chanod, *Cours toujours*, Les Éditions de Minuit, p. 8)

Par conséquent, ON peut être le mot même employé par l'énonciateur E_1 et se retrouver dans le style indirect libre avec un statut ambigu qui ne permet pas de décider s'il est employé en mention ou comme substitut anaphorique. Se trouve alors mis à mal le dernier lien d'enchâssement qui marque le style indirect libre, à savoir cette anaphore pronominale en principe obligatoire en français.

Ce relâchement syntaxique fait donc subrepticement glisser vers du style direct. L'évolution est sensible dans l'extrait ci-dessous, tiré d'*Onitsha*, où, sur fond de style indirect libre, l'apparition de ON coïncide avec celle d'un style plus souple, plus proche du mouvement de la pensée vivante : interrogation, connecteur logique propre à l'oral (*alors*), modalisateur (*c'est vrai*), etc.

(14)   Il voulait être quelqu'un d'autre, quelqu'un de fort, qui ne parle pas, qui ne
         pleure pas, qui n'a pas le cœur qui bat ni le ventre qui fait mal.
         Il parlerait anglais, il aurait deux rides verticales entre les sourcils, comme un
         homme, et Maou ne serait plus sa mère. L'homme qui attendait, là-bas, au bout
         du voyage, ne serait jamais son père. C'était un homme inconnu, qui avait écrit
         des lettres pour qu'on vienne le rejoindre en Afrique. C'était un homme sans
         femme et sans enfant, *un homme qu'on ne connaissait pas, qu'on n'avait jamais vu,
         alors pourquoi attendait-il ?* Il avait un nom, un beau nom, *c'est vrai*, il s'appelait
         Geoffroy Allen. *Mais quand on arriverait là-bas, à l'autre bout du voyage, on passerait
         très vite, sur le quai, et lui ne verrait rien, ne reconnaîtrait personne,* il n'aurait plus qu'à
         rentrer chez lui bredouille. (Le Clézio, *Onitsha*, Livre de Poche Folio, pp. 18-19)

Glissement discret, évolution entre un style indirect parfaitement contrôlé par le narrateur et un style indirect plus libre, en coïncidence de plus en plus intime avec la pensée du personnage, « tous les degrés intermédiaires se peuvent rencontrer ». Certes ; mais, on le voit, dans ce *continuum* des signes linguistiques sont discernables et analysables : les marques d'indirection s'affaiblissent tandis que des morphèmes délibérément, intrinsèquement plurivoques prennent le relais.

3. Conclusion

Comme l'imparfait, auquel il est souvent associé dans ce contexte par les romanciers contemporains, le pronom indéfini ON est donc un auxiliaire précieux

de l'hétérogénéité énonciative caractéristique du style indirect libre : riche de sa
vacuité référentielle, il s'adapte à tous les contextes et change aisément de
référent au fil des paragraphes. Néanmoins une contrainte pèse sur son emploi,
qui en fait un bon indice du rôle énonciatif d'asserteur qu'a pu tenir le sujet-
actant ainsi désigné.

L'un et l'autre marqueurs, polysémiques selon des modalités différentes,
permettent l'émergence d'un énonciateur secondaire qui n'occulte pas
l'énonciateur primaire et par là-même instaurent une « bivocalité » parfaitement
programmée dans le signifié même des morphèmes utilisés. Nous espérons
avoir montré que ce trait commun les rend justiciables d'une analyse linguistique
dans le cadre d'une étude plus générale des marques morpho-syntaxiques du
style indirect libre. Il n'en reste pas moins que l'émergence de celui-ci ne peut
être décrite qu'à travers un faisceau d'indices contextuels dont la valeur exacte
est simultanément conditionnée par les opérations énonciatives définitoires du
signifié de chaque forme en présence et par l'interdépendance de ces formes
dans un environnement donné : c'est l'exemple même de ce que peut être la
construction dynamique du sens, irréductible à des processus d'intégration com-
positionnels.

Références

Atlani, F. (1984). ON l'illusioniste, in : A. Grésillon ; J.-L. Lebrave, (éds), *La
langue au ras du texte*, Lille : P.U.L., 13-29.

Authier, J. (1992). Repères dans le champ du discours rapporté (1), *L'Information
grammaticale* 55 : 38-42.

Authier, J. (1993). Repères dans le champ du discours rapporté (2), *L'Information
grammaticale* 56 : 10-15.

Berthonneau, A.-M. ; Kleiber, G. (1993). Pour une nouvelle approche de
l'imparfait : l'imparfait, un temps anaphorique méronomique, *Langages*
112 : 55-73.

Berthonneau, A.-M. ; Kleiber, G. (1996). Subordination et temps grammaticaux : pour une conception non concordancielle de l'imparfait en discours
indirect, in : Cl. Muller, (éd.), *Subordination, coordination, connexion*, Tübingen :
Niemeyer, (« Linguistische Arbeiten » 351), 115-126.

Berthonneau, A.-M. ; Kleiber, G. (1997). Subordination et temps grammaticaux : l'imparfait en discours indirect, *Le français moderne* 65.2 : 113-141.

Bres, J. (1997). Habiter le temps : le couple imparfait / passé simple en français,
Langages 127 : 77-95.

Cerquiglini, B. (1984). Le style indirect libre et la modernité, *Langages* 73 : 83-98.

Chuquet, H. (1998). La notion de point de vue en analyse contrastive français -
anglais, *Journal of French Language Studies* 8.1 : 29-43.

François, J. (1984). Analyse énonciative des équivalents allemands du pronom indéfini « on », in : G. Kleiber, (éd.), *Recherches en pragma-sémantique*, Centre d'Analyse syntaxique de l'Université de Metz, Paris : Klincksieck, 37-73.

Fuchs, C. (1991). L'hétérogénéité interprétative, in : H. Parret, (éd.), *Le sens et ses hétérogénéités*, Paris : Editions du CNRS, (coll. « Sciences du Langage »), 107-120.

Fuchs, C. (1994). The Challenges of Continuity for a linguistic Approach to Semantics, in : C. Fuchs; B. Victorri, (éds), *Continuity in linguistic Semantics*, Amsterdam / Philadelphia : J. Benjamins, (« Linguisticae Investigationes Supplementa » 19), 93-107.

Fuchs, C. (1997). L'interprétation des polysèmes grammaticaux en contexte, in : G. Kleiber ; M. Riegel, (éds), *Les formes du sens, Etudes de langue française, médiévale et générale offertes à Robert Martin à l'occasion de ses 60 ans*, Louvain : Duculot, (coll. « Champs linguistiques »), 127-133.

Guillaume, G. (1990). *Leçons de linguistique*, série A, vol. 10, Québec / Lille : Presses de l'Université de Laval / PUL.

Jaubert, A. (1990). *La lecture pragmatique*, Paris : Hachette, (coll. « HU Linguistique »).

Jaubert, A. (1997). Labyrinthes énonciatifs, *Modèles linguistiques* 18.1 : 17-31.

Kerbrat-Orecchioni, C. (1970). *L'énonciation. De la subjectivité dans le langage*, Paris : Armand Colin.

Maillard, M., (éd.), (1991). *L'impersonnel. Mécanismes linguistiques et fonctionnements littéraires*, Grenoble : CEDITEL, (diffusion : L'Atelier du texte).

Martin, R. (1983). *Pour une logique du sens*, Paris : P.U.F., (coll. « Linguistique Nouvelle »).

Mellet, S. (1998). Imparfait et discours rapporté, in : *Etudes luxembourgeoises d'histoire et de littérature romaines*, vol. 1 (Actes des huitièmes rencontres scientifiques de Luxembourg 16-17 octobre 1995), Luxembourg : Centre Alexandre Wiltheim, 116-125.

Molendijk, A. (1996). Anaphore et imparfait : la référence globale à des situations présupposées ou impliquées, *Cahiers Chronos* 1 : 109-124.

Muller, C. (1979). Sur les emplois personnels de l'indéfini « on », in : *Langue française et linguistique quantitative*, Genève : Slatkine, 63-72.

Oriol-Boyer, C. (1991). Usages paradoxaux de l'impersonnel dans quelques textes contemporains, in : M. Maillard, (éd.), 217-226.

Plénat, M. (1979). Sur la grammaire du style indirect libre, *Cahiers de Grammaire*, Université de Toulouse-le-Mirail, 1 : 95-137.

Rosier, L. (1997). Discours rapporté et psychomécanique du langage : mariage d'amour ou de raison ?, in : P. de Carvalho ; O. Soutet, (éds), *Psychomécanique du langage, problèmes et perspectives* (Actes du 7ème colloque international de psychomécanique du langage), Paris : Champion, 277-287.

Rosier, L. (1998). *Discours rapporté : histoire, théories, pratiques*, Paris / Louvain-la-Neuve : Duculot.

Tamba, I. (1989). La double énigme de « on » aux concepts de pronom et de personne linguistique en français et en japonais, *Sophia Linguistica* (Working Papers in Linguistics), Tokyo : Sophia University, 27 : 5-23.

Vetters, C. (1994). Free Indirect Speech in French, in : Co Vet ; C. Vetters, (éds), *Tense and Aspect in Discourse*, Berlin / New York : Mouton / de Gruyter, 180-225.

Viollet, C. (1988). Mais qui est « on » ?, *LINX* 18 : 66-75.

Vuillaume, M. (1986). Y a-t-il des procédés d'identification du discours indirect libre ?, in : *La linguistique à la session 1986 de l'agrégation d'allemand.* Actes du colloque organisé par l'Institut d'études allemandes de l'Université de Lyon II et les linguistes de l'AGES, Lyon, 65-78.

Vuillaume, M. (1998). Le discours indirect libre et le passé simple, in : S. Voge-leer ; A. Borillo ; C. Vetters ; M. Vuillaume, (éds), *Temps et discours*, Peeters : Louvain-la-Neuve, (BCILL 99), 191-201.

934322

La signalisation du style indirect libre

Marcel VUILLAUME
Université de Nice-Sophia Antipolis – UPRESA Bases, Corpus et Langage

La cause est depuis longtemps entendue : il n'y a pas de signal – morphologique ou syntaxique – spécifique du style indirect libre (SIL [1]). Sur ce point, il n'y a donc rien à ajouter à ce qu'écrit Jacqueline Authier : « S'il est impossible de désigner, en langue, les introducteurs de DIL, il ne l'est pas moins de donner les caractéristiques de ce que serait « une phrase au DIL » [...] le DIL [...] n'est pas une forme grammaticale. Rien ne permet, hors contexte, de dire qu'une phrase est du DIL [...] Le DIL apparaît, non pas comme une troisième forme grammaticale de DR, mais *comme une configuration discursive particulière.* » (Authier 1978 : 80). De là, une tendance (qui ne correspond d'ailleurs pas à la position de Jacqueline Authier [2]) diffuse dans les publications consacrées au SIL à insister sur son ambiguïté et même à l'exclure du domaine de la linguistique. Il convient cependant de garder les pieds sur terre et de tirer les conséquences du constat de bon sens que fait Carl Vetters au terme d'une étude consacrée précisément à l'absence de marque formelle de SIL : « On doit remarquer que les passages problématiques où il y a hésitation entre les deux interprétations possibles ne constituent qu'une partie infime de la totalité des occurrences de *SIL.* Dans la plupart des cas, il n'y a pas le moindre doute et le lecteur ne rencontre pas le moindre problème pour choisir la bonne interprétation. » (Vetters 1989b : 67). Autrement dit, si, effectivement, « rien ne permet, hors contexte, de dire qu'une phrase est du DIL » , en contexte, en revanche, l'interprétation appropriée s'impose généralement d'emblée. D'ailleurs, comment s'y retrouverait-on dans un récit si le narrateur ne nous donnait pas les moyens de distinguer sa parole de celle des personnages ? Il est en effet essentiel que le lecteur sache ce qui est vrai *dans* la fiction et soit en mesure de détecter les mensonges des protagonistes du récit ou les illusions dont ils sont victimes [3].

---

[1] Je préfère parler de *style* indirect libre plutôt que de *discours* indirect libre, parce que le terme de *discours* évoque trop fortement l'idée de *parole,* alors que ce qu'on rapporte au SIL, ce sont aussi souvent des pensées que des paroles. Plus précisément, il me semble que l'innovation majeure de la littérature narrative du XIXe siècle, ce n'est pas tant l'usage massif du SIL que son emploi pour rapporter des pensées, donc pour nous donner directement accès à la conscience des personnages.

[2] « Le DIL est une parole qui est " reconnue " comme parole rapportée : les mécanismes discursifs qui sont à l'œuvre dans cette reconnaissance interdisent tout autant de ranger le DIL avec le DD et le DI dans les formes grammaticales du DR, que de le rejeter dans le non-linguistique ». (Authier 1978 : 85)

[3] Cf. Vuillaume (1990 : 54-57 et 1992 : 273-274).
    Le seul fait que, dans une narration en troisième personne, le lecteur est parfaitement en mesure de détecter les mensonges des personnages démontre, s'il en était

© *Cahiers Chronos* 5 (2000) : 107-130.

Le propos du présent article est de mettre en évidence quelques-uns des facteurs qui concourent à l'identification du SIL.

1. Un exemple prototypique

(1)   – Il faut pourtant que je vous voie encore, reprit-il ; j'avais à vous dire..
– Quoi ?
– Une chose... grave, sérieuse. Eh ! Non, d'ailleurs, vous ne partirez pas, c'est impossible ! Si vous saviez... écoutez-moi... vous ne m'avez donc pas compris ? Vous n'avez donc pas deviné ? ...
– Cependant vous parlez bien, dit Emma.
– Ah ! Des plaisanteries ! Assez, assez ! Faites, par pitié, que je vous revoie..., une fois..., une seule.
– Eh bien ! ...
Elle s'arrêta ; puis, comme se ravisant :
– Oh ! Pas ici !
– Où vous voudrez.
– Voulez-vous...
Elle parut réfléchir, et, d'un ton bref :
– Demain, à onze heures, dans la cathédrale.
– J'y serai ! s'écria-t-il en saisissant ses mains, qu'elle dégagea.
Et, comme ils se trouvaient debout tous les deux, lui placé derrière elle et Emma baissant la tête, il se pencha vers son cou et la baisa longuement à la nuque.
– Mais vous êtes fou ! Ah ! Vous êtes fou ! disait-elle avec de petits rires sonores, tandis que les baisers se multipliaient.
Alors, avançant la tête par-dessus son épaule, il sembla chercher le consentement de ses yeux. Ils tombèrent sur lui, pleins d'une majesté glaciale.
Léon fit trois pas en arrière, pour sortir. Il resta sur le seuil. Puis il chuchota d'une voix tremblante :
– A demain.
Elle répondit par un signe de tête, et disparut comme un oiseau dans la pièce à côté.
Emma, le soir, écrivit au clerc une interminable lettre où elle se dégageait du rendez-vous : *tout maintenant était fini, et ils ne devaient plus, pour leur bonheur, se rencontrer.* Mais, quand la lettre fut close, comme elle ne savait pas l'adresse de Léon, elle se trouva fort embarrassée.
– Je la lui donnerai moi-même, se dit-elle ; il viendra. (Flaubert, Gustave, *Madame Bovary*, 283)

Le passage que je commenterai est l'avant-dernier paragraphe de cet extrait (*Emma, le soir ... embarrassée*). Je l'ai choisi, parce qu'il me paraît illustrer de façon

---

encore besoin, la pertinence de la distinction entre point de vue interne et point de vue externe. Pour le lecteur (point de vue interne), la fiction n'est nullement étrangère aux catégories du vrai et du faux, alors que, pour un commentateur (point de vue externe), ce qui est raconté dans un texte de fiction n'est ni vrai ni faux.

exemplaire le fonctionnement du discours indirect libre littéraire. La question à laquelle je voudrais essayer de répondre est la suivante : pourquoi interprète-t-on spontanément le fragment en italiques (*tout maintenant était fini, et ils ne devaient plus, pour leur bonheur, se rencontrer*) comme explicitant la teneur de la lettre écrite par Emma, et non comme appartenant au récit ?

Un mot d'abord sur ce que sait le lecteur au moment où il lit ce passage. Léon et Emma se sont connus autrefois à Yonville, où ils ont entretenu une relation platonique sans jamais s'avouer les sentiments qu'ils éprouvaient l'un pour l'autre ; puis Léon est parti à Paris, et, pendant son absence, Emma a eu une liaison avec Rodolphe, qui a fini par la trouver trop encombrante et l'a plantée là sans ménagement. Léon et Emma viennent de se retrouver à Rouen (où Léon est employé dans une étude de notaire) à l'occasion d'une représentation de *Lucie de Lammermoor*, à laquelle ils n'ont pas assisté jusqu'au bout. Charles Bovary suggère à son épouse de rester seule à Rouen un jour de plus pour écouter l'opéra en entier. Léon profite de cette occasion pour aller lui rendre visite dans son hôtel et lui arracher la promesse d'un rendez-vous.

Le premier énoncé du paragraphe qui nous intéresse évoque une lettre dont l'objet est indiqué de façon succincte : Emma annule son rendez-vous avec Léon. Il est suivi d'une phrase introduite par un double point et composée de deux propositions indépendantes coordonnées par *et* (*tout maintenant était fini et ils ne devaient plus, pour leur bonheur, se rencontrer*) qui est spontanément interprétée comme explicitant le contenu de la lettre. Certes, la ponctuation favorise cette lecture : le double point instaure entre les phrases qu'il relie un lien plus étroit que le point et sert souvent à introduire une explicitation. Mais cette indication n'est pas suffisamment contraignante pour imposer l'interprétation de la phrase *tout ... rencontrer* comme relevant du SIL. Essayons donc d'analyser ce qui s'oppose à l'autre lecture.

On rencontre immédiatement deux obstacles, le premier d'ordre lexical, le second de nature grammaticale. D'abord, le mot *tout* apparaît comme inapproprié pour désigner la relation qui existe entre Emma et Léon. Lorsqu'on dit que *tout est fini* entre deux personnes, on suggère par l'emploi du mot *tout* qu'il existait entre elles des liens anciens, riches et multiples, et qu'il faut en faire mentalement la somme pour mesurer la gravité de leur séparation. Or, en ce point du récit, la relation entre Emma et Léon se réduit à peu de choses, de sorte que la réalité visée ne paraît pas à la mesure de ce qu'exprime le mot qui la désigne. Mais ce n'est pas tout. Le morphème d'imparfait [4] oblige à concevoir la situation décrite par *Tout maintenant était fini* comme faisant partie de la situation antécédente, elle-même envisagée comme un tout (Berthonneau & Kleiber 1993 : 68). La façon la plus naturelle de concevoir un tel lien entre les deux situations, c'est de considérer que la rupture entre Emma et Léon est évoquée, explicitement ou non, dans le message d'Emma. Mais ceci est exclu par notre

---

[4]   Sur les rapports entre l'imparfait et le SIL, voir l'article de Sylvie Mellet dans ce volume.

hypothèse. Le sens du texte nous autorise-il alors à penser que cette rupture se
produit à l'initiative de Léon, dépité par l'annulation du rendez-vous ? Difficile-
ment, car cela s'accorderait mal avec le sens de l'imparfait : la preuve en est que,
si l'on modifie le texte original pour imposer cette interprétation – *Maintenant,
pour Léon, tout était fini* –, on éprouve le sentiment que l'information donnée par
le texte est incomplète, qu'il manque un antécédent approprié (par exemple, une
proposition évoquant la réception de la lettre par Léon).

Admettons néanmoins qu'on puisse passer outre cette difficulté : la
deuxième proposition – *ils ne devaient plus, pour leur bonheur, se rencontrer* – ne peut,
toujours dans l'hypothèse où nous nous plaçons, se comprendre que comme
une anticipation de la suite des événements, donc comme signifiant qu'après
cette rupture, Emma et Léon ne se sont plus jamais rencontrés. Mais là encore,
on se heurte à un obstacle. Le complément en incise *pour leur bonheur* semble en
effet déplacé à un double titre : d'abord, parce que, jusque là, le narrateur s'est
abstenu de porter de telles appréciations, ensuite parce qu'on voit mal ce qui
pourrait justifier ce jugement, car rien dans ce qui précède ne laissait penser que
la liaison qui se nouait entre Emma et Léon était de nature à faire leur malheur.

Mais tout ceci n'est rien au regard de la catastrophe qui se produit
lorsqu'on lit la dernière phrase du paragraphe : *Mais ... embarrassée*. La proposition *ils ne devaient ... se rencontrer* nous a projetés en un point du temps largement
postérieur à la rédaction de la lettre, car la situation qu'elle vise est censée se
perpétuer jusqu'à la fin de la vie de Léon et Emma ou, du moins, jusqu'à la fin
de la partie de leur existence relatée dans le roman. On est donc surpris d'être
brusquement ramené au moment où Emma achève d'écrire son message.
Comme le repère a progressé sur la ligne du temps, la situation décrite devrait
être appréhendée rétrospectivement, et le narrateur aurait dû recourir, non pas
au passé simple, mais au plus-que-parfait. Par exemple, un enchaînement du
type *Mais au moment de clore sa lettre, Emma y avait glissé un mèche de ses cheveux* serait
concevable, mais non *Mais au moment de clore sa lettre, Emma y glissa...* Mais
l'essentiel est ailleurs : alors qu'on ne peut comprendre le fragment *tout maintenant ... se rencontrer* comme un fragment de récit qu'à la condition de supposer
que la lettre est parvenue à son destinataire, on apprend tout à coup qu'Emma
ne savait pas l'adresse de Léon et ne pouvait donc lui expédier son message. Si
on a été assez entêté pour ne tenir compte d'aucune des difficultés antérieures,
on se trouve confronté ici à une insurmontable contradiction.

On voit que le rendement de cette obstination est nul en termes
d'information. Le lecteur qui, en dépit des signaux d'alerte rencontrés en cours
de route, voudrait à tout prix interpréter *tout maintenant ... se rencontrer* comme un
fragment de récit en serait pour ses frais, en ce sens qu'il ne parviendrait à extraire du paragraphe analysé aucune information cohérente.

L'autre lecture, en revanche, se déroule sans encombres et s'avère beaucoup plus rentable en ce qui concerne le rapport entre l'effort fourni et
l'information obtenue.

Revenons donc au début du paragraphe qui nous intéresse. La première phrase, on l'a vu, évoque une lettre dans laquelle Emma se dégage du rendez-vous. Naturellement, le narrateur n'est pas forcé de nous en dire plus sur le contenu de cette lettre. Il n'empêche : notre curiosité est éveillée, et nous aimerions bien savoir quelle sorte d'argument Emma utilise pour revenir sur sa parole. Les deux points qui suivent l'évocation de la lettre suggèrent que son contenu va être explicité, et cette hypothèse se confirme à la lecture de ce qui figure après les deux points. Si le mot *tout* paraît inapproprié sous la plume du narrateur, son emploi est en revanche tout à fait plausible sous celle d'Emma, dont nous connaissons la tendance à user de la parole comme d'un « laminoir qui étire tous les sentiments ». En donnant à cette relation plus d'épaisseur qu'elle n'en a dans la réalité, Emma exalte en quelque sorte le sacrifice qu'elle fait et qu'elle invite Léon à faire avec elle. On observera au passage que, pris comme un fragment de récit, l'énoncé *tout maintenant était fini* a une valeur stric-tement descriptive, alors que, produit par Emma, il a une vertu quasi performa-tive en ce sens qu'il suscite la situation qu'il décrit : Emma met un terme à la relation (au demeurant bien ténue) qui la lie à Léon par le fait même qu'elle écrit *tout maintenant est fini*.

On pourrait certes faire valoir que *tout maintenant [...] se rencontrer* ne correspond probablement à aucune phrase effectivement écrite par Emma, mais résume le contenu de son « interminable » lettre. C'est tout à fait incontestable, mais ça ne constitue pas une objection, car, si le narrateur a choisi de condenser la lettre d'Emma par les mots *tout maintenant était fini*, c'est qu'ils lui semblaient appropriés pour rendre sensible son penchant à l'emphase [5].

---

5   L'extrait suivant de *Madame Bovary* me semble à cet égard très révélateur :

> Elle songeait quelquefois que c'étaient là pourtant les plus beaux jours de sa vie, la lune de miel, comme on disait. Pour en goûter la douceur, il eût fallu, sans doute, s'en aller vers ces pays à noms sonores où les lendemains de ma-riage ont de plus suaves paresses ! Dans des chaises de poste, sous des stores de soie bleue, on monte au pas des routes escarpées, écoutant la chanson du postillon, qui se répète dans la montagne avec les clochettes des chèvres et le bruit sourd de la cascade. Quand le soleil se couche, on respire au bord des golfes le parfum des citronniers ; puis, le soir, sur la terrasse des villas, seuls et les doigts confondus, on regarde les étoiles en faisant des projets. Il lui semblait que certains lieux sur la terre devaient produire du bonheur, comme une plante particulière au sol et qui pousse mal tout autre part. Que ne pouvait-elle s'accouder sur le balcon des chalets suisses ou enfermer sa tristesse dans un cottage écossais, avec un mari vêtu d'un habit de velours noir à longues basques, et qui porte des bottes molles, un chapeau pointu et des manchettes ! Peut-être aurait-elle souhaité faire à quelqu'un la confidence de toutes ces choses. Mais comment dire un insaisissable malaise, qui change d'aspect comme les nuées, qui tourbillonne comme le vent ? *Les mots lui manquaient*, donc, l'occasion, la hardiesse. (Flaubert, Gustave, *Madame Bovary*, 47)

L'interprétation de la deuxième proposition comme explicitant le contenu de la lettre ne fait pas non plus difficulté. Dans ce cas, bien entendu, la combinaison « *devoir* + infinitif » n'est pas comprise comme l'expression d'une anticipation, mais comme l'énoncé d'une obligation, justifiée par le complément en incise *pour leur bonheur.*

Enfin, la dernière phrase, qui fait appel au passé simple (incompatible avec le SIL [6]), marque la reprise du récit, et l'enchaînement par *mais* apparaît comme clairement motivé. Ce que le lecteur vient d'apprendre au sujet du contenu de la lettre l'incite à conclure que celle-ci va avoir des conséquences importantes sur la relation entre Emma et Léon. Cette conclusion est évidemment annulée par la dernière phrase du paragraphe, qui nous apprend que la lettre n'est pas parvenue à son destinataire.

Les deux lectures qui viennent d'être envisagées peuvent être comparées à deux trajets, dont l'un serait semé d'embûches et l'autre n'opposerait aucun obstacle à la progression du lecteur. La différence entre ces deux parcours est telle que le fragment *tout maintenant [...] se rencontrer* ne me semble pas pouvoir être sérieusement considéré comme ambigu. L'hypothèse d'un lecteur suffisamment obtus pour aller jusqu'au bout de la course d'obstacles me paraît tout à fait gratuite, et je n'ai détaillé les étapes de son trajet que pour démontrer par l'absurde que tout favorise l'interprétation du fragment considéré comme relevant du SIL.

2. Les ingrédients de base de la signalisation du SIL

J'ai qualifié cet exemple de prototypique parce qu'il contient tous les ingrédients qui rendent un fragment de SIL aisément identifiable et délimitable :

• On trouve d'abord un énoncé qui joue le rôle de *signal d'ouverture*, en ce sens qu'il ouvre la possibilité d'un enchaînement au SIL : il s'agit de la phrase *Emma [...] du rendez-vous,* qui dénote une activité langagière et, on l'a vu, suscite chez le lecteur l'envie d'en savoir davantage sur le contenu de la lettre. L'emploi du double point à la fin de cette phrase suggère que l'énoncé qui suit va effectivement servir à expliciter la teneur du message.

• Ensuite, on a un fragment de texte qui ne contient que des formes verbales en *-ait* et peut donc en principe être interprété comme un fragment de SIL ; mais ce qui détermine effectivement cette interprétation, c'est le contenu même du fragment, le fait que, pour en extraire une information

---

Les mots de ce fragment ont beau être ceux du narrateur, ils n'en expriment pas moins les rêves d'Emma.

Sur le rapport entre le style indirect libre et sa source, voir Lerch (1928 : 464-465), Beyerle (1972).

[6]   Cf. Vuillaume (1998).

cohérente, on est contraint d'en attribuer la responsabilité à une autre instance que le narrateur.

- On a, enfin, un énoncé qui fonctionne comme *signal de clôture*, en ce sens qu'il marque la reprise du récit (notamment par le recours au passé simple).

Cet inventaire présente des analogies avec celui proposé par Charles Bally (1914a), qui distingue entre « indices extérieurs à l'énoncé » et « indices contenus dans l'énoncé ». Les premiers, selon Bally (1914a : 410-411), « se ramènent tous à la présence d'une expression quelconque réductible pour le sens à l'un des verbes *penser, dire, interroger* ou permettant de suppléer aisément l'un de ces verbes, même si la forme matérielle en diffère sensiblement ». Quant à l'expression équivalente à *penser, dire, interroger,* elle peut, selon Bally, précéder un fragment au SIL ou y être intercalée, et un fragment au SIL introduit par une telle expression peut en outre être « suivi d'une expression de même nature qui confirme le caractère de l' » [7] (Bally 1914a : 411-412). Enfin, « l'énoncé peut [...] être lancé sans préparation et l'expression explicative ne se trouve qu'à la fin ». Quant aux « indices contenus dans l'énoncé », il s'agit pour Bally [8] :

- des passages d'une forme à une autre de discours rapporté (discours rapporté direct, indirect et indirect libre),
- des « indices syntaxiques » , c'est-à-dire de la transposition des personnes et des temps verbaux,
- et des « indices identifiant S » , c'est-à-dire des choix lexicaux qui excluent l'attribution d'un énoncé au narrateur.

La conception qu'a Bally des « indices internes » suscite évidemment des réserves. Par exemple, il ne peut y avoir passage d'une forme à une autre de discours rapporté, que si ces différentes formes demeurent distinctes : si un fragment de SIL est reconnu comme tel parce qu'il voisine avec des énoncés au discours rapporté direct ou indirect, ceux-ci ne peuvent entretenir avec lui qu'une relation d'*extériorité*. Par ailleurs, la reconnaissance des transpositions appliquées aux morphèmes de temps et aux marques personnelles suppose l'identification préalable du phénomène qu'elles sont censées révéler. En outre, le terme d'*indice* n'a pas tout à fait le même sens selon qu'on l'applique aux éléments externes – qui présentent *positivement* un fragment de texte comme l'expression d'une pensée ou une parole d'un personnage – ou aux éléments internes – qui fournissent en fait des indications *négatives,* en ce sens qu'ils font

---

[7]   l' est le sténogramme par lequel Bally désigne le style indirect libre, par opposition au style indirect proprement dit, symbolisé par I.

[8]   C'est ce qui se dégage de la logique de l'exposé. Les chiffres et les lettres qui signalent ce classement sont de toute évidence erronés.

obstacle à la lecture par défaut, qui consiste à attribuer au narrateur la responsabilité de tous les énoncés du texte.

En ce qui concerne les indices externes, on peut envisager d'en faire, sinon un inventaire exhaustif, du moins une typologie. Par exemple, les lexèmes qui dénotent une activité verbale ou psychologique se prêtent bien au rôle de signal d'ouverture et même, on le verra, de clôture. En revanche, un inventaire des signaux internes paraît difficile, sinon impossible. Il serait cependant prématuré de s'arrêter à cette conclusion, car, en ce qui concerne la signalisation interne, l'exemple que j'ai choisi n'est peut-être pas véritablement prototypique. Pour parvenir à la « bonne » lecture, le lecteur doit d'abord procéder à un calcul du sens. Cet effort, il est vrai, est, non seulement très léger, mais immédiatement récompensé, puisque l'interprétation à laquelle il conduit ne se heurte ensuite à aucun obstacle. Mais on verra qu'il existe des signaux qui rendent la tâche du lecteur encore plus facile, en ce sens qu'ils sont immédiatement perçus comme incompatibles avec l'attitude du narrateur. Soit, par exemple, l'interjection *allons*. On peut la définir sommairement en disant qu'elle manifeste la volonté de celui qui l'emploie d'inverser l'orientation d'une attitude, d'un comportement, d'une disposition d'esprit, par exemple de susciter le courage là où se dessine la résignation ou, inversement, de prêcher la résignation pour contrecarrer une espérance sans fondement. Son sens implique donc que celui qui l'emploie veut influencer le comportement de celui à qui il s'adresse (les rôles de locuteur et de destinataire pouvant, le cas échéant, être exercés par la même personne), ce qui semble *a priori* incompatible avec l'intention d'un narrateur, de sorte que son apparition dans un récit est ressentie comme signalant que la voix qui se fait entendre n'est pas celle qui prend en charge le reste du texte. Dans :

(2)   Deneulin sortit de la chambre des porions, et tout seul, défendant du geste qu'on le suivît, il visita la fosse. Il était pâle, très calme. D'abord, il s'arrêta devant le puits, leva les yeux, regarda les câbles coupés : les bouts d'acier pendaient inutiles, la morsure de la lime avait laissé une blessure vive, une plaie fraîche qui luisait dans le noir des graisses. Ensuite, il monta à la machine, en contempla la bielle immobile, pareille à l'articulation d'un membre colossal frappé de paralysie, en toucha le métal refroidi déjà, dont le froid lui donna un frisson, comme s'il avait touché un mort. Puis, il descendit aux chaudières, marcha lentement devant le foyers éteints, béants et inondés, tapa du pied sur les générateurs qui sonnèrent le vide. *Allons !* c'était bien fini, sa ruine s'achevait. Même s'il raccommodait les câbles, s'il rallumait les feux, où trouverait-il des hommes ? Encore quinze jours de grève, il était en faillite. Et, dans cette certitude de son désastre, il n'avait plus de haine contre les brigands de Montsou, il sentait la complicité de tous, une faute générale, séculaire. (Zola, Emile, *Germinal*, 313)

Allons ! fonctionne à la fois comme symbole – en vertu de son sens, il signifie que le personnage se contraint à regarder les choses en face et à renoncer à toute espérance illusoire – et comme symptôme, c'est-à-dire comme révélateur d'une attitude qui ne peut être celle du narrateur. Mais ce n'est pas tout : *allons* apparaît ici à l'initiale du fragment de SIL dont il fait partie et joue le rôle de *démarcateur amont*. Or, cette fonction démarcative correspond à une régularité remarquable. Dans de très nombreux fragments au SIL, on trouve en effet un signal de ce type, soit à l'initiale (comme dans l'exemple ci-dessus), soit dans le premier énoncé. Ainsi, dans :

(3)   Les yeux de Muffat s'emplirent de larmes. Il joignit les mains.
        – Couchons-nous.
        Du coup, Nana perdit la tête, étranglée elle-même par des sanglots nerveux. On abusait d'elle, *à la fin* ! Est-ce que ces histoires la regardaient ? Certes, elle avait mis tous les ménagements possibles pour l'instruire, par gentillesse. Et l'on voulait lui faire payer les pots cassés ! Non, par exemple ! Elle avait bon cœur, mais pas tant que ça. (Zola, Emile, *Nana,* 241)

la proposition *On abusait d'elle* pourrait être comprise comme faisant partie du récit. Mais l'expression *à la fin* (isolée de la proposition précédente par une virgule et suivie d'un point d'exclamation) exprime un sentiment d'impatience et d'exaspération qui ne peut être attribué qu'à Nana.

Dans ce qui suit, je traiterai d'abord des signaux externes (d'ouverture et de clôture), je reviendrai ensuite sur les problèmes liés à la signalisation interne, et je traiterai pour terminer de l'interdépendance de ces divers signaux.

3. Les signaux externes
3.1. Les signaux d'ouverture

Il s'agit d'expressions qui dénotent une activité verbale ou mentale et dont voici quelques exemples :

(4)   La mère de Charles venait les voir de temps à autre ; mais, au bout de quelques jours, la bru semblait l'aiguiser à son fil ; et alors, comme deux couteaux, elles étaient à le scarifier par *leurs réflexions et leurs observations*. Il avait tort de tant manger ! Pourquoi toujours offrir la goutte au premier venu ? Quel entêtement que de ne pas vouloir porter de flanelle ! (Flaubert, Gustave, *Madame Bovary,* 21)

(5)   [...] les idées les plus singulières troublaient les têtes. Tout le monde se tenait dans la cuisine, et l'on discutait sans fin, *imaginant des choses invraisemblables*. On voulait peut-être les garder comme otage — mais dans quel but ? — ou les emmener prisonniers ? ou, plutôt, leur demander une rançon considérable ? A cette pensée une panique les affola. Les plus riches étaient les plus épouvantés. (Maupassant, Guy de, *Contes et nouvelles,* tome I, 106)

(6)   A peine avait-il [le colonel Hendon] conclu que le numéro 6 lui *posa une question :*
        « Le colonel croyait-il la défense possible, au cas où les moyens sur lesquels il comptait pour empêcher l'ennemi d'arriver n'y auraient pas réussi ? »

Le colonel Hendon répondit affirmativement. (Verne, Jules, *Les 500 millions de la Bégum,* 170)

(7)   – Ainsi, vous êtes le neveu de la célèbre miss Marple !
Elle [= Mrs Dupont] rangea les lunettes dans sa besace. Mais *son regard exprimait un léger doute :* est-ce que cet homme, qui se disait non seulement policier mais le propre neveu de la célèbre miss Marple, ne se moquait simplement pas d'elle ? (Lainé, Pascal, *Trois petits meurtres… et puis s'en va,* 29)

L'efficacité de ces signaux peut se mesurer à l'intensité du besoin d'information qu'ils font naître. Dans :

(8)   Avec un haussement léger de ses épaules, Emma l'interrompit *pour se plaindre de sa maladie où elle avait manqué mourir* ; quel dommage ! elle ne souffrirait plus maintenant. Léon tout de suite envia le calme du tombeau et même, un soir, il avait écrit son testament … (Flaubert, Gustave, *Madame Bovary,* 279)

l'attente suscitée par le passage en italique peut être qualifiée de faible, en ce sens que la suppression du fragment au SIL ne compromettrait pas la cohérence du texte :

(8')   Avec un haussement léger de ses épaules, Emma l'interrompit *pour se plaindre de sa maladie où elle avait manqué mourir.* Léon tout de suite envia le calme du tombeau et même, un soir, il avait écrit son testament …

Aussi n'est-ce sans doute pas un hasard si le début du fragment de SIL est signalé par une exclamation (*Quel dommage !*) qui fonctionne ici comme démarcateur amont.

En revanche, dans :

(9)   Vers la fin du souper, elle était très grise ; ça la désolait, le champagne la grisait tout de suite.
Alors, une idée l'exaspéra. C'était une saleté que ces dames voulaient lui faire en se conduisant mal chez elle. Oh ! Elle voyait clair ! Lucy avait cligné l'œil pour pousser Foucarmont contre Labordette, tandis que Rose, Caroline et les autres excitaient ces messieurs. Maintenant, le bousin était à ne pas s'entendre, histoire de dire qu'on pouvait tout se permettre, quand on soupait chez Nana. Eh bien ! Ils allaient voir. Elle avait beau être grise, elle était encore la plus chic et la plus comme il faut.
« Mon petit chat, reprit Bordenave, dis donc de servir le café ici… j'aime mieux ça, à cause de ma jambe. » (Zola, Emile, *Nana,* 125)

cette attente est beaucoup plus forte : il y aurait une évidente lacune si le narrateur ne nous renseignait pas sur le contenu de l'idée qui exaspère Nana.

3.2. Les signaux de clôture

La clôture du fragment de SIL peut être marquée :

- par l'emploi de formes verbales de passé simple, incompatibles avec le SIL : cf. les exemples ci-dessus.

- par des guillemets ouvrants introduisant un passage au discours direct :

(10)   Les yeux de Muffat s'emplirent de larmes. Il joignit les mains.
         « Couchons-nous. »
         Du coup, Nana perdit la tête, étranglée elle-même par des sanglots nerveux. *On abusait d'elle, à la fin ! Est-ce que ces histoires la regardaient ? Certes, elle avait mis tous les ménagements possibles pour l'instruire, par gentillesse. Et l'on voulait lui faire payer les pots cassés ! Non, par exemple ! Elle avait bon cœur, mais pas tant que ça.*
         « Sacré nom ! J'en ai assez ! jurait-elle en tapant du poing sur les meubles. Ah bien ! moi qui me tenais à quatre, moi qui voulais être fidèle... Mais, mon cher, demain, je serais riche, si je disais un mot. (Zola, Emile, *Nana*, 241)

- par un terme qui réfère au fragment de SIL en le désignant explicitement comme un discours ou une suite de pensées :

(11)   La conversation avait recommencé. Les grands vins de Bordeaux circulaient, on s'animait ; Pellerin en voulait à la Révolution à cause du musée espagnol ; définitivement perdu. C'était ce qui l'affligeait le plus, comme peintre. *A ce mot*, M. Roque l'interpella.
         « Ne seriez-vous pas l'auteur d'un tableau très remarquable ? » (Flaubert, Gustave, *L'éducation sentimentale*, in *Œuvres*, tome II, 375)

(12)   [...] les idées les plus singulières troublaient les têtes. Tout le monde se tenait dans la cuisine, et l'on discutait sans fin, imaginant des choses invraisemblables. On voulait peut-être les garder comme otage — mais dans quel but ? — ou les emmener prisonniers ? ou, plutôt, leur demander une rançon considérable ? *A cette pensée* une panique les affola. Les plus riches étaient les plus épouvantés. (Maupassant, Guy de, *Contes et nouvelles*, tome I, 106)

- par une expression qui, sans référer directement au fragment de texte qui précède, implique que celui-ci représente un discours ou une pensée :

(13)   Allons ! nous sommes pris ! s'écria Passepartout, en se laissant aller sur une chaise.
         Mrs. Aouda, s'adressant aussitôt à Mr. Fogg, lui dit d'une voix dont elle cherchait en vain à déguiser l'émotion :
         Monsieur, il faut m'abandonner ! C'est pour moi que vous êtes poursuivi ! C'est pour m'avoir sauvée !
         Phileas Fogg se contenta de répondre que cela n'était pas possible. Poursuivi pour cette affaire du sutty ! Inadmissible ! Comment les plaignants oseraient-ils

se présenter ? Il y avait méprise. *Mr. Fogg ajouta que,* dans tous les cas, il n'abandonnerait pas la jeune femme, et qu'il la conduirait à Hong-Kong. (Verne, Jules, *Le tour du monde en 80 jours,* 117)

(14)   Bientôt, une seule question demeura entre Nana et le comte : l'argent. Un jour, après lui avoir promis formellement dix mille francs, il avait osé se présenter les mains vides, à l'heure convenue. Depuis l'avant-veille, elle le chauffait de caresses. Un tel manque de parole, tant de gentillesses perdues la jetèrent dans une rage de grossièretés. Elle était toute blanche.
« Hein ? Tu n'as pas la monnaie... alors, mon petit mufe, retourne d'où tu viens, et plus vite que ça ! En voilà un chameau ! Il voulait m'embrasser encore ! ... Plus d'argent, plus rien ! tu entends ! »
Il donnait des explications, il aurait la somme le surlendemain. Mais elle *l'interrompit* violemment. (Zola, Emile, *Nana,* 433)

• par l'emploi d'un terme de liaison (le plus souvent une conjonction de coordination) qui ne peut pas relier directement la phrase dans laquelle il figure à celle qu'il précède [9] :

(15)   Le notaire reprit d'un ton galant : – Les belles choses ne gâtent rien. Alors elle tâcha de l'émouvoir, et, s'émotionnant elle-même, elle vint à lui conter l'étroitesse de son ménage, ses tiraillements, ses besoins. Il comprenait cela : une femme élégante !, et, sans s'interrompre de manger, il s'était tourné vers elle complètement [...]. (Flaubert, Gustave, *Madame Bovary,* 356)

L'exigence de cohérence contraint le lecteur à interpréter ce qui précède la conjonction *et* comme simulant un comportement langagier :

(15')   Le notaire *déclarait/ déclara* qu'il comprenait les besoins d'une femme élégante, et, sans s'interrompre de manger, il s'était tourné vers elle complètement.

4. La signalisation interne
4.1. Le pronom anaphorique sans antécédent comme révélateur du SIL

Soit l'exemple suivant :

(17)   Lorilleux était un grigou. Croire qu'on allait lui emporter trois grains de sa poussière d'or ! Toutes ces histoires, c'était de l'avarice pure. Sa sœur avait peut-être cru qu'il ne se marierait jamais, pour lui économiser quatre sous sur son pot-au-feu ?

Si on l'interprète comme un fragment de récit, l'antécédent qu'on assigne spontanément à *sa* (*sa sœur*), *il* (*il ne se marierait jamais*) et *lui* (*pour lui économiser...*) est évidemment Lorilleux. Mais replaçons ce passage dans son contexte :

---

[9]   Cf. Vuillaume (1986 ; 1990 : 46).

(18)   [Coupeau, qui va épouser Gervaise, est invité à dîner avec celle-ci chez sa sœur,
         madame Lorilleux. Mais les Lorilleux se montrent d'une pingrerie et d'une
         méfiance telles que Coupeau les quitte furieux.]
         Coupeau branla furieusement la tête. *Lorilleux lui revaudrait cette soirée-là. Avait-on
         jamais vu un pareil grigou ! Croire qu'on allait lui emporter trois grains de sa poussière d'or !
         Toutes ces histoires, c'était de l'avarice pure. Sa sœur avait peut-être cru qu'il ne se marierait
         jamais, pour lui économiser quatre sous sur son pot-au-feu ? Enfin, ça se ferait quand même
         le 29 juillet. Il se moquait pas mal d'eux !* (Zola, Emile, *L'Assommoir*, 84)

On voit clairement que la partie du texte en italiques est un fragment de SIL et
que *sa*, *il* et *lui* renvoient non pas à Lorilleux, mais à Coupeau, bien que celui-ci
ne soit pas évoqué dans le contexte amont. Cet exemple montre que, dans le
SIL, *il/elle* peut référer à la personne dont on rapporte les paroles ou les pensées,
même si celle-ci n'est pas mentionnée dans les énoncés qui précèdent
l'occurrence de ce pronom. Dans le récit proprement dit, en revanche, l'emploi
de *il/elle* sans antécédent textuel semble *a priori* impossible. L'assignation à *il* et
lui du référent approprié dans l'extrait ci-dessus suppose donc la reconnaissance
préalable du SIL comme tel.

     Le phénomène illustré par cet exemple est en réalité très complexe et
appelle une étude qui ne peut prendre place dans les limites du présent article.
On se bornera ici à indiquer très sommairement les principales données du
problème et à essayer de montrer en quoi le pronom anaphorique peut
fonctionner comme un indice du SIL.

     Rappelons d'abord que Charles Bally avait parfaitement reconnu le rôle
crucial de *il/elle* dans le SIL :

« M. K. [10] (617) s'attaque d'abord à des passages où le nom de la personne dont
on reproduit les paroles ou les pensées (S) figure en toutes lettres dans l'énoncé.
M. K. aurait pu y ajouter les passages où S est désigné par des expressions anaphoriques pleines, telles que : *celui-ci, ce dernier*, etc. Ce serait là un indice très grave
si l'on trouvait des passages où il se vérifie. Qu'on imagine en effet des phrases
telles que : *[2] Pierre s'arrêta : Pierre entrerait-il ?* ou bien : *Pierre s'arrêta : celui-ci entrerait-il ?* – du coup toute trace de style indirect disparaît : c'est bien R [= le narra-
teur] qui se substitue à S. Faites une expérience semblable sur l'exemple suivant :
*[3] Elle (Christine de Suède) se heurta à un obstacle inattendu : la conscience publique. Elle
s'étonnait de le retrouver partout. Qu'est-ce qu'ils avaient donc tous à lui reprocher la mort de
Monaldeschi ?* (Barine 143). Supposez que l'auteur ait dit : *Qu'est-ce qu'ils avaient donc
tous à reprocher à Christine*, ou : *à cette femme*, ou : *à la pauvre exilée*, ou : *à celle-ci*, etc. :
le style indirect s'évanouit. Encore une contre-épreuve : *[4] La diète polonaise fit des
objections : Christine eut réponse à tout. On lui opposait son sexe ? Elle serait roi, et non pas
reine* (Barine 142). Introduisez un anaphorique plein dans la question (*On opposait
à celle-ci son sexe*), ce n'est plus Christine qui parle. Si donc l'on peut me prouver
que les tours mis en contraste dans les exemples sont des variétés négligeables
d'un même type grammatical (c'est la thèse de M. K.), je ne crois plus au style in-

---

Ces initiales désignent Theodor Kalepky.

direct libre. Mais M. K. ne cite aucun texte qui ait cette valeur démonstrative. Il
fait état d'un passage de Zola (L 128), qu'il avait transcrit tout au long dans son
premier article de la *Zeitschr. f. r. Phil.*, en n'omettant qu'une phrase : celle qui
donne le mot de l'énigme. *[a] « Madame »* , *demanda-t-elle* (elle, c'est madame
Vincent) *à une vieille femme, « le chemin pour aller à la Grotte, s'il vous plaît ?... » – Celle-ci
ne répondit pas, proposa une chambre pas chère : « Tout est plein, vous ne trouverez rien dans
les hôtels... Peut-être encore mangerez-vous, mais vous n'aurez certainement pas un trou pour
coucher ». Manger, coucher, ah ! mon Dieu, est-ce que madame Vincent y songeait, elle qui
était partie avec trente sous dans sa poche, etc. »* Ne voit-on pas que le nom de cette
madame Vincent est amené là simplement pour éviter une confusion avec la
vieille femme, et que ce nom n'empêche nullement le lecteur d'avoir l'impression
de paroles ou de pensées suggérées à ce personnage par les réflexions de la
vieille ? Ainsi le nom de S placé en tête de l'énoncé n'a rien de choquant, il est
même souvent nécessaire lorsque le nom d'un autre personnage cité immédiatement avant prêterait à la confusion. Quoi qu'en dise M. K., dans le passage de
Mérimée (B *552), elle* pourrait fort bien être remplacé par *miss Lydia* comme je le
fais ci-après : *[6] En vain il (le colonel) parla de la sauvagerie du pays et de la difficulté pour
une femme d'y voyager : miss Lydia ne craignait rien ; elle aimait par dessus tout à voyager à
cheval ; elle se faisait une fête de coucher au bivac, etc. »* (Bally 1914a : 408)

Ces observations sont extrêmement intéressantes, mais elles n'offrent
aucun principe d'explication.

Ann Banfield, pour sa part, suppose une règle qui impose le recours à
il/ elle pour désigner la personne dont on rapporte les pensées ou les paroles :
« [...] dans les paroles et les pensées représentées, seul un pronom peut occuper
la position d'un groupe nominal renvoyant au SOI. » (Banfield 1995 : 307).

En tout état de cause, la représentation de l'énonciateur (du SOI) par
l'anaphorique *il/ elle* ne résulte pas d'une contrainte grammaticale. Ainsi, dans
l'exemple ci-dessous :

(19)   - Mon dieu ! dit [M. Madinier], on pourrait aller au musée...
            Et il se caressa le menton, en consultant la société d'un clignement des pau-
            pières.
            - Il y a des antiquités, des images, des tableaux, un tas de choses. C'est très
            instructif... peut-être bien que vous ne connaissez pas ça. Oh ! C'est à voir, au
            moins une fois.
            La noce se regardait, se tâtait. *Non, Gervaise ne connaissait pas ça ; Madame Faucon-
            nier non plus, ni Boche, ni les autres, Coupeau croyait bien être monté un dimanche, mais il
            ne se souvenait plus bien.* (Zola, Emile, *L'Assommoir,* 97)

la première des phrases en italiques relève indiscutablement du SIL, car le *non*
qui figure à l'initiale ne se justifie que comme réponse à la proposition de
M. Madinier ; or, non seulement l'énonciateur y est représenté par un nom
propre, mais il ne pourrait pas l'être par le pronom *elle*. Quant à l'emploi du
démonstratif (que Bally appelle « anaphorique plein ») pour désigner
l'énonciateur, il est certes fort rare, mais pas absolument exclu :

(20)   Alors, Fauchery parla de se retirer. Pourtant, il s'oubliait de nouveau à regarder la comtesse Sabine. Elle se reposait de ses soins de maîtresse de maison, à sa place accoutumée, muette, les yeux sur un tison qui se consumait en braise, le visage si blanc et si fermé qu'il était pris de doute. Dans la lueur du foyer, les poils noirs du signe qu'elle avait au coin des lèvres blondissaient. Absolument le signe de Nana, jusqu'à la couleur. Il ne put s'empêcher d'en dire un mot à l'oreille de Vandeuvres. C'était ma foi vrai ; jamais *celui-ci* ne l'avait remarqué. Et tous les deux continuèrent le parallèle entre Nana et la comtesse. (Zola, Emile, *Nana*, 99)

Dans cet exemple, *il* pourrait désigner indifféremment Fauchery ou Vandeuvres, alors que *celui-ci* renvoie au nom propre le plus proche du point du discours où il figure et réfère donc sans ambiguïté à Vandeuvres.

Mais ce n'est pas tout : la possibilité de désigner l'énonciateur par *il/elle* s'observe au-delà des limites du SIL. Considérons l'exemple suivant :

(21)   Mais Etienne, déjà, continuait d'une voix changée. Ce n'était plus le secrétaire de l'association qui parlait, c'était le chef de bande, l'apôtre apportant la vérité. Est-ce qu'il se trouvait des lâches pour manquer à leur parole ? Quoi ! depuis un mois, on aurait souffert inutilement, on retournerait aux fosses, la tête basse, et l'éternelle misère recommencerait ! Ne valait-il pas mieux mourir tout de suite, en essayant de détruire cette tyrannie du capital qui affamait le travailleur ? Toujours se soumettre devant la faim, jusqu'au moment où la faim, de nouveau, jetait les plus calmes à la révolte, n'était-ce pas un jeu stupide qui ne pouvait durer davantage ? *Et il montrait* les mineurs exploités, supportant à eux seuls les désastres des crises, réduits à ne plus manger, dès que les nécessités de la concurrence abaissaient le prix de revient. (Zola, Emile, *Germinal*, 271-272)

Il est clair que la proposition *Et il montrait*... fait partie du récit. Or, le pronom *il* n'a pas d'antécédent dans les phrases qui précèdent immédiatement son occurrence. Pourtant, on comprend sans difficulté que c'est l'auteur des propos rapportés au SIL, donc Etienne, qui est désigné par ce pronom. Dans la phrase qui marque la reprise du récit après un fragment de SIL, la personne dont on a rapporté les paroles ou les pensées peut être donc désignée par un anaphorique sans antécédent textuel, au même titre que dans le SIL même. Or, cet emploi du pronom anaphorique ne peut pas s'expliquer par une propriété spécifique du SOI ou du « sujet de conscience », puisqu'il se situe à la reprise du récit, c'est-à-dire justement lorsque le sujet de conscience s'est effacé ou, du moins, a changé.

Le phénomène évoqué ici me semble devoir être mis en rapport avec une propriété très générale du SIL qu'illustre bien l'exemple suivant :

(22)   Enfin, elle rassembla ses idées. Elle se souvenait ... Un jour avec Léon ... Oh ! comme c'était loin ... le soleil brillait sur la rivière et les clématites embaumaient ... *Alors* emportée dans ses souvenirs comme dans un torrent qui bouillonne,

elle arriva bientôt à se rappeler la journée de la veille (Flaubert, Gustave, *Madame Bovary*, 361)

En vertu du sens des mots qui la composent, la proposition *les clématites embaumaient* réfère au parfum des clématites. Mais, en tant qu'elle est comprise comme exprimant une pensée d'Emma, elle dénote implicitement l'activité mentale qui l'a engendrée, et c'est le moment où cette activité s'accomplit qui est visé par *alors* – et non celui où les clématites embaumaient. Il y a une analogie frappante entre la façon dont est identifié le moment dénoté par *alors* dans cet exemple et les modalités d'identification du référent de *il* dans les exemples (18) et (21). Dans tous les cas, cette identification implique la prise en compte du processus mental ou verbal qui est à l'origine des énoncés au SIL. La représentation de ce processus enveloppe naturellement celle de ses protagonistes, et la reconnaissance du SIL comme tel rend ainsi accessibles des référents qui ne sont pas nécessairement représentés – ou rendus saillants – dans le discours même. Ceci permet de désigner à l'aide de *il/elle*, non seulement l'énonciateur, mais, lorsqu'il s'agit de paroles rapportées, le destinataire de ces paroles, comme dans l'exemple suivant:

(23) Les yeux de Muffat s'emplirent de larmes. Il joignit les mains.
– Couchons-nous.
Du coup, Nana perdit la tête, étranglée elle-même par des sanglots nerveux. On abusait d'elle, à la fin ! Est-ce que ces histoires la regardaient ? Certes, elle avait mis tous les ménagements possibles pour *l'*instruire, par gentillesse. Et l'on voulait lui faire payer les pots cassés ! Non, par exemple ! Elle avait bon cœur, mais pas tant que ça. (Zola, Emile, *Nana*, 241)

où *l(e)* – dans *l'instruire* – vise Muffat. *Il/elle* peut même dénoter des entités qui ne sont pas évoquées dans le discours et ne sont accessibles que dans l'univers mental de l'énonciateur. Dans :

(24) Cependant, les manœuvres continuaient dans le puits, le marteau des signaux avait tapé quatre coups, on descendait le cheval ; et c'était toujours une émotion, car il arrivait parfois que la bête, saisie d'une telle épouvante, débarquait morte. En haut, lié dans un filet, il se débattait éperdument ; puis, dès qu'il sentait le sol manquer sous lui, il restait comme pétrifié, il disparaissait sans un frémissement de la peau, l'œil agrandi et fixe. Celui-ci étant trop gros pour passer entre les guides, on avait dû, en l'accrochant au-dessous de la cage, lui rabattre et lui attacher la tête sur le flanc.
La descente dura près de trois minutes, on ralentissait la machine par précaution. Aussi, en bas, l'émotion grandissait-elle. Quoi donc ? Est-ce qu'on allait *le* laisser en route, pendu dans le noir ? Enfin, il parut, avec son immobilité de pierre, son œil fixe, dilaté de terreur. C'était un cheval bai, de trois ans à peine, nommé Trompette. (Zola, Emile, *Germinal*, 60-61)

le désigne le cheval qu'on est en train de faire descendre dans la mine : bien que celui-ci ne soit pas évoqué dans le contexte amont immédiat, on sait qu'il occupe toute la pensée des mineurs qui attendent son arrivée, et c'est par ce biais qu'on identifie le référent de *le*.

On a vu plus haut que, dans le SIL, l'énonciateur peut, sous certaines conditions, être désigné par son nom propre ou un démonstratif. Il n'en reste pas moins que, le plus souvent, si l'on remplace un anaphorique qui désigne l'énonciateur par un nom propre, un démonstratif ou une description définie, le SIL – selon l'expression de Charles Bally – « s'évanouit ». On peut en soupçonner la raison : un nom propre permet l'identification de son référent sans recours au contexte ou à la sitation d'énonciation, une description définie permet de reconnaître l'objet visé en fonction des propriétés qu'elle lui attribue, et le démonstratif invite à l'identifier à partir de l'environnement discursif dans lequel il apparaît, de sorte que, au contraire du pronom anaphorique, aucune de ces expressions référentielles ne renvoie à la dimension implicite qui caractérise le SIL. Le recours à *il/elle* s'impose donc en règle générale comme le moyen le plus simple d'attester la solidarité entre les énoncés au SIL et l'événement qui les a engendrés. A ce titre, l'emploi de pronoms anaphoriques sans antécédent textuel apparaît comme une forme privilégiée (et souvent méconnue) de signalisation du SIL. Précisons cependant que l'indication qu'ils donnent est négative, en ce sens qu'ils font obstacle à l'intégration au récit des énoncés dans lesquels ils figurent.

4.2. Les démarcateurs amont

J'ai évoqué plus haut l'existence d'une gamme d'expressions qu'on perçoit comme incompatibles avec l'attitude du narrateur et qui déclenchent de façon quasiment automatique l'interprétation du fragment de texte dont elles font partie comme relevant du SIL. La valeur que j'attribue à ces expressions soulève, j'en conviens volontiers, un problème délicat. Voici ce qu'écrit, dans cet ordre d'idées, Sophie Marnette (1996 : 37) :

> « La notion de « contexte » est difficile à définir mais elle regroupe ce que nous connaissons des événements passés [...] On peut aussi y inclure la façon dont le narrateur se présente, et plus généralement les exigences du genre auquel appartient le texte que nous lisons. Par exemple, si le narrateur du texte est perçu comme étant impersonnel ou neutre, on aura davantage tendance à considérer comme du DIL un énoncé qui porte un jugement de valeur. Bien entendu, il s'agit là d'un cercle vicieux puisque les DIL aident à former la façon dont nous percevons le narrateur. »

En d'autres termes, on ne peut considérer, par exemple, l'interjection *allons* comme une marque de SIL que si on a d'abord défini la logique implicite du discours narratif. Or, on ne peut dégager cette logique implicite que si on a préalablement « filtré » le texte en en éliminant notamment les fragments qui relèvent du SIL L'idée d'isoler un certain nombre d'expressions présumées incompatibles avec le discours narratif et de les considérer comme signaux du SIL repose donc apparemment sur une démarche circulaire. Ce constat a beau être logiquement irréfutable, il ne rend pas compte du fait que, lorsqu'on rencontre dans un roman des expressions telles que *allons, voyons, allez,* etc., on est enclin à en imputer la prise en charge à un personnage plutôt qu'au narrateur. L'hypothèse que je ferai pour expliquer cette contradiction – et en sortir –, c'est que, pour se forger un modèle implicite du discours narratif – et, corrélativement, une image du narrateur –, le lecteur évalue le rapport entre l'effort qu'il a à fournir pour calculer le sens des énoncés et le résultat de cet effort, c'est-à-dire la qualité de l'information qu'il en extrait, et il choisit évidemment le modèle qui offre le ratio le plus favorable. Pour m'exprimer plus simplement, je dirai que, si on interprète des expressions telles que *allons, voyons, allez, pour sûr, à la fin* comme des signaux de SIL (sauf, naturellement, lorsqu'elles figurent dans du discours rapporté direct), c'est parce que « ça marche » , alors que, si on les attribuait au narrateur, on aboutirait à d'insurmontables contradictions. Il s'établit de la sorte une relation dialectique entre la valeur qu'on assigne à ces expressions et la façon dont on se représente le narrateur. La « réussite » d'une lecture consistant à imputer *allons* à un personnage conforte l'hypothèse d'un narrateur impersonnel, et cette hypothèse, à son tour, incite le lecteur à interpréter comme marques d'hétérogénéité toutes les expressions qui, à l'instar de *allons,* expriment une sorte d'interpellation. On se construit ainsi un véritable code – dont la validité est évidemment restreinte à un certain type de textes – grâce auquel l'identification du SIL peut se faire de façon quasiment automatique.

Voici quelques exemples d'expressions de ce type dans leur fonction de démarcateur amont :

- *n'est-ce pas ?*

(25)   Nana ne se montra pas surprise, ennuyée seulement de la rage de Muffat après elle. Il fallait être sérieuse dans la vie, *n'est-ce pas ?* C'était trop bête d'aimer, ça ne menait à rien. Puis, elle avait des scrupules, à cause du jeune âge de Zizi ; vrai, elle s'était conduite d'une façon pas honnête. Ma foi ! Elle rentrait dans le bon chemin, elle prenait un vieux. (Zola, Emile, *Nana,* 211)

- *tant pis*

(25)   Enfin, Gervaise servait le potage aux pâtes d'Italie, les invités prenaient leurs cuillers, lorsque Virginie fit remarquer que Coupeau avait encore disparu. Il était peut-être bien retourné chez le père Colombe. Mais la société se fâcha. Cette fois, *tant pis !* On ne courrait pas après lui, il pouvait rester dans la rue, s'il n'avait pas faim. Et, comme les cuillers tapaient au fond des assiettes, Coupeau reparut, avec deux pots, un sous chaque bras, une giroflée et une balsamine. Toute la table battit des mains. (Zola, Emile, *L'Assommoir,* 253)

- *eh bien*

(26)   En dix minutes, Zoé l'aida à passer une robe et à mettre un chapeau. Ça lui
         était égal, d'être mal fichue. Comme elle allait descendre, il y eut un nouveau
         tintement de la sonnerie. Cette fois, c'était le charbonnier. *Eh bien*! Il tiendrait
         compagnie au loueur de voitures ; ça les distrairait, ces gens. Seulement,
         craignant une scène, elle traversa la cuisine et fila par l'escalier de service. (Zola,
         Emile, *Nana,* 131)

- *voyons*

(27)   Et la conversation s'engagea par-dessus le treillage. Levaque, délassé et excité
         d'avoir tapé sur sa femme, tâcha vainement d'entraîner Maheu chez Rasseneur.
         Voyons, est-ce qu'une chope l'effrayait ? On ferait une partie de quilles, on
         flânerait un instant avec les camarades, puis on rentrerait dîner. C'était la vie,
         après la sortie de la fosse. Sans doute il n'y avait pas de mal à cela, mais Maheu
         s'entêtait, s'il ne repiquait pas ses laitues, elles seraient fanées le lendemain.
         (Zola, Emile, *Germinal,* 116)

Citons encore *allez, pour sûr, ma foi, mon Dieu, nom de Dieu, Tonnerre de Dieu !,*
n'importe, que voulez-vous ?, pensez donc !, etc.

Il existe sans doute bien d'autres signaux à validité restreinte. Par exemple,
dans un récit au passé, le conditionnel ne peut pas recevoir une interprétation
modale et, de ce fait, est compris comme exprimant le futur vu du passé, et,
comme cette perspective est incompatible avec la vision rétrospective du narrateur, on est conduit, dans un tel environnement, à attribuer à des personnages
du récit la responsabilité des énoncés au conditionnel. Selon le contexte, les
questions et les exclamations peuvent aussi servir à la signalisation du SIL.

5. Phénomènes d'interaction

Lorsque tous les ingrédients disponibles pour la signalisation du SIL sont utilisés, on trouve successivement un signal d'ouverture, un démarcateur amont et
un signal de clôture, ce qu'on peut représenter graphiquement de la façon suivante :

Fragment au S.I.L.

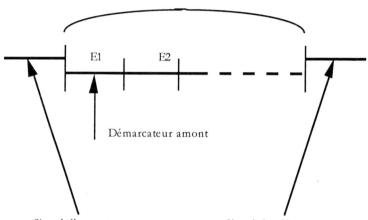

Démarcateur amont

Signal d'ouverture   Signal de clôture

L'analyse systématique d'un grand nombre de fragments de textes au SIL montre que ces divers ingrédients sont interdépendants, que, par exemple, l'insuffisance ou l'absence de l'un peut être compensée par le renforcement d'un autre. Ainsi, l'absence de signal d'ouverture peut être compensée par un démarcateur amont. C'est le cas dans l'exemple suivant :

(28)   [...] Ces gens-là, ça vit toujours un peu dans la crasse.
           — Ces gens-là ?
           — Ben... les Nègres.
           Elle interrompit sa collecte de cintres, et regarda Lester par en dessous : *Bon !*
           elle n'avait pas gaffé. Il avait un drôle d'air, mais ce n'était pas un Nègre. (Lainé, Pascal,
           Monsieur, vous oubliez votre cadavre, 72)

L'énoncé qui précède le passage en italiques ne laisse pas clairement attendre une explicitation des pensées de la femme de ménage. Mais l'apparition de *Bon !* marque une rupture claire avec le déroulement du récit. Autrement dit, une signalisation interne forte compense ici l'absence de signal d'ouverture, et son efficacité est d'autant plus grande que sa manifestation est plus précoce.

Il faut également tenir compte de l'effet rétroactif que peuvent produire les signaux de clôture. Dans le texte de Flaubert analysé plus haut, la dernière phrase (*Mais, quand la lettre fut close, [...] fort embarrassée.*) a une double fonction. D'une part, grâce à son verbe au passé simple, elle signale sans ambiguïté la reprise du récit. D'autre part, son contenu peut conduire le lecteur qui aurait fait fausse route à réinterpréter la phrase précédente. Un tel effet rétroactif peut être utilisé, le cas échéant, pour compenser l'absence de signal d'ouverture ou une dénivellation sémantique insuffisante entre le fragment au SIL et son contexte. Considérons l'exemple suivant :

(16)   Une après-midi d'automne, Gervaise, qui venait de reporter du linge chez une
       pratique, rue des Portes-Blanches, se trouva dans le bas de la rue des pois-
       sonniers comme le jour tombait. Il avait plu le matin, le temps était très doux,
       une odeur s'exhalait du pavé gras ; et la blanchisseuse, embarrassée de son
       grand panier, étouffait un peu, la marche ralentie, le corps abandonné, remon-
       tant la rue avec la vague préoccupation d'un désir sensuel, grandi dans sa lassi-
       tude. Elle aurait volontiers mangé quelque chose de bon. Alors, en levant les
       yeux, elle aperçut la plaque de la rue Marcadet, elle eut tout d'un coup l'idée
       d'aller voir Goujet à sa forge. *Vingt fois, il lui avait dit de pousser une pointe, un jour*
       qu'elle serait curieuse de regarder travailler le fer. D'ailleurs, devant les autres ouvriers, elle
       demanderait Étienne, elle semblerait s'être décidée à entrer uniquement pour le petit. (Zola,
       Emile, *L'Assommoir*, 198)

L'énoncé *Alors [...] elle eut tout d'un coup l'idée d'aller voir Goujet à sa forge* n'annonce
pas clairement un fragment de texte au SIL Le lecteur ne s'interroge pas spontanément sur les motifs que Gervaise se donne à elle-même pour aller voir
Goujet, il se demande plutôt si elle va mettre ou non son idée à exécution. Aussi
la phrase *Vingt fois [...] travailler le fer* n'est-elle pas nécessairement interprétée
comme traduisant une pensée de Gervaise. Rien n'interdit de la comprendre
comme une explication donnée par le narrateur. Il en va tout autrement de la
phrase suivante *D'ailleurs [...] pour le petit,* et ce pour au moins deux raisons :

- Le conditionnel ne peut recevoir ici une interprétation modale ; il ne peut
  être compris que comme exprimant le futur vu du passé. Or, cette notion
  n'a de sens que par rapport à la conscience d'un personnage, car le narrateur ne peut considérer les événements que rétrospectivement : pour lui,
  tout est déjà advenu au moment où il commence son récit.

- *D'ailleurs* n'a de sens que dans le cadre d'une argumentation : O. Ducrot a
  montré qu'on emploie *d'ailleurs* pour introduire un énoncé qui a la même
  orientation argumentative que ceux qui le précèdent, mais qu'on affecte de
  ne pas utiliser comme argument, qu'on présente donc comme superflu
  parce qu'on a déjà suffisamment justifié la conclusion qu'on veut faire admettre [11]. Dans notre exemple, l'emploi de *d'ailleurs* suppose donc que la
  phrase précédente a une valeur argumentative et exprime une des raisons
  que Gervaise se donne pour aller rendre visite à Goujet [12].

---

[11]   Cf. Ducrot et *al.* (1980 : 193-232).

[12]   On observera au passage que les deux interprétations dont la phrase *Vingt fois,[...]*
       travailler le fer peut faire l'objet ne sont nullement incompatibles : ce qui est une ex-
       plication pour le narrateur est une justification pour Gervaise. Autrement dit, il ne
       s'agit pas ici d'un cas d'ambiguïté, mais de deux utilisations successives (et non-
       contradictoires) du même matériau linguistique.
       Lerch (1928 : 466) admet également la possibilité de deux interprétations succes-
       sives et non-contradictoires d'un même fragment de texte. Il écrit : « Dans *Madame*

Ceci dit, compte tenu de la capacité très limitée de la mémoire immédiate, ces effets rétroactifs [13], ne peuvent évidemment concerner que des fragments de SIL extrêmement brefs (n'excédant pas une phrase ou deux).

En règle générale, cependant, on observe l'intervention simultanée de plusieurs signaux dont aucun ne suffirait, à lui seul, à déclencher la bonne interprétation, mais qui, pris ensemble, excluent toute ambiguïté. A cet égard, l'exemple (1) est effectivement prototypique. Le double point suggère que l'énoncé qu'il introduit explicite celui qui le précède, mais cette indication resterait sans effet, si elle n'était immédiatement relayée au niveau lexical par le mot *tout* et au niveau grammatical par l'imparfait. En fait, aucun de ces deux signes ne favorise positivement l'interprétation de *tout maintenant était fini et...* comme relevant du style indirect libre, mais ils s'opposent tous deux à l'attribution de ces propositions au narrateur. Autrement dit, en suivant l'indication discrète fournie par la ponctuation, on obtient une lecture satisfaisante, c'est-à-dire compatible avec le sens général du texte, alors que, dans le cas contraire, on aboutit rapidement à une impasse.

6. Conclusion

Les éléments qui concourent à l'identification du SIL sont de deux sortes : ceux qui fournissent une information positive et ceux qui donnent une indication négative. Parmi les premiers, on mentionnera la plupart des signaux externes et toute la gamme des expressions qui, dans un environnement narratif donné, acquièrent la valeur de marque formelle de SIL. Quant aux seconds, leur rôle

---

Bovary de Flaubert, Emma et Léon se retrouvent après s'être longtemps perdus de vue. Après qu'Emma a énoncé quelques mots au discours direct apparaît l'énoncé : *Et l'occasion était perdue, car elle partait dès le lendemain.* On l'interprète d'abord comme une indication donnée par l'auteur, mais cet énoncé est suivi par : *Vrai ? fit Léon*, et c'est alors seulement qu'on se rend compte que la seconde moitié de la phrase précédente exprimait le discours d'Emma. Mais, en même, cette phrase est bien la relation d'un fait et figure à la place de *car le lendemain elle voulut partir*, qu'un auteur plus ancien et logiquement plus exigeant aurait sans nul doute employée ici ». Je n'analyserais certainement pas cet exemple de la même façon, mais j'admets comme Lerch la possibilité d'interprétations doubles.

[13]   Ces effets avaient été clairement identifiés par Charles Bally : « L'énoncé peut enfin être lancé sans préparation et l'expression explicative ne se trouve qu'à la fin. Dans ce cas, comme nous le verrons, l'énoncé ou bien est très court, ou bien renferme en lui même d'autres indices révélateurs de sa nature. [19] *Ils virent entrer Lheureux. Il venait offrir ses services, eu égard à la fatale circonstance. Emma répondit qu'elle croyait pouvoir s'en passer* (B 555) (les mots « *eu égard à la fatale circonstance* » sont évidemment des paroles de Lheureux). Remarquez aussi que *répondit* ne suppose qu'indirectement que Lheureux a parlé ; mais cette expression indirecte n'en est que plus caractéristique » (Bally 1914a : 412).

consiste essentiellement à faire obstacle à l'intégration au récit des énoncés dans lesquels ils figurent. Si un inventaire exhaustif de ces éléments est évidemment impossible, puisque beaucoup relèvent du lexique, on peut néanmoins envisager un recensement de ceux qui relèvent de la grammaire. On se bornera ici à en mentionner deux : les pronoms anaphoriques et l'imparfait. Le rôle qu'ils jouent présente une évidente analogie. Si, dans l'exemple (1), on est en quelque sorte contraint d'interpréter la proposition *tout maintenant était fini* comme relevant du SIL, c'est parce qu'elle ne s'articule pas de façon cohérente avec la phrase qui précède, en ce sens que la situation qu'elle décrit ne peut être conçue comme une sous-partie de celle visée par *Emma, le soir [...] pour se dégager du rendez-vous*. Pareillement, si l'on n'identifie pas la phrase *Sa sœur avait peut-être cru qu'il ne se marierait jamais [...]* – exemple (18) – comme relevant du SIL, c'est la cohésion même du fragment de texte dont elle fait partie qui se trouve compromise. Manifestement, le rôle de ces éléments a été sous-estimé, et même, pour ce qui est des pronoms anaphoriques, largement méconnu.

Références des exemples cités

Flaubert, Gustave, *L'éducation sentimentale*, in *Œuvres*, tome II, Paris : Gallimard, 1963, [=Bibliothèque de la Pléiade].
Flaubert, Gustave, *Madame Bovary*, Paris : Librairie générale française, 1972.
Lainé, Pascal, *Monsieur, vous oubliez votre cadavre*, Paris : Editions Ramsay, 1986 [=folio ; 2186].
Lainé, Pascal, *Trois petits meurtres... et puis s'en va*, Paris : Ramsay, 1985 [=folio ; 2026].
Maupassant, Guy de, *Contes et nouvelles*, tome I, Paris : Gallimard, 1974 [=Bibliothèque de la Pléiade].
Verne, Jules, *Les 500 millions de la Bégum*, Paris : Hachette, 1966 [=Le Livre de Poche « Jules Verne » ; 2032].
Zola, Emile, *Germinal*, Paris : Librairie générale française, 1983 [=Le Livre de Poche ; 145].
Zola, Emile, *L'Assommoir*, Paris : Gallimard, 1978 [=Folio classique ; 1051].

Bibliographie

Andler, D. ; *al.*, (éds), (1992). *Colloque de Cerisy. Epistémologie et cognition*, Liège : Mardaga.
Authier, J. (1978). Les formes du discours rapporté. Remarques syntaxiques et sémantiques à partir des traitements proposés , *DRLAV* 17 : 1-88.
Bally, Ch. (1914a). Figures de Pensée et Formes Linguistiques, *Germanisch-romanische Monatsschrift* 6 : 405-422.

Bally, Ch. (1914b). Figures de Pensée et Formes Linguistiques, *Germanisch-romanische Monatsschrift* 6 : 456-470.

Banfield, A. (1979). Où l'épistémologie, le style et la grammaire rencontrent l'histoire littéraire : le développement de la parole et de la pensée représentées, *Langue française* 44 : 9-26.

Banfield, A. (1995). *Phrases sans parole. Théorie du récit et du style indirect libre,* Paris : Seuil.

Berthonneau, A.-M. ; Kleiber, G. (1993). Pour une nouvelle approche de l'imparfait : l'imparfait, un temps anaphorique méronomique, *Langages* 112 : 55-73.

Beyerle, D. (1972). Ein vernachlässigter Aspekt der erlebten Rede, *Archiv für das Studium der neueren Sprachen und Literaturen* 123 (208) : 351-366.

Couturier, M. (1995). *La figure de l'auteur,* Paris : Editions du Seuil.

Ducrot, O. ; *al.* (1980). *Les mots du discours,* Paris : Les éditions de Minuit.

Kleiber, G. (1994). *Anaphores et pronoms,* Louvain-la-Neuve : Duculot , (Champs linguistiques).

Lerch, E. (1928). Ursprung und Bedeutung der sog. 'Erlebten Rede' („Rede als Tatsache. (« Sie hatte, strafe sie Gott, niemals eine schönere Braut gesehen »), *Germanisch-romanische Monatsschrift* 16 : 459-478.

Marnette, S. (1996). Réflexions sur le discours indirect libre en français médiéval, *Romania* 114.1-2 : 1-49.

Rauh, G. (1978) *Linguistische Beschreibung deiktischer Komplexität in narrativen Texten,* Tübigen : Verlag Gunter Narr, (= Tübinger Beiträge zur Linguistik ; 106).

Roncador, M. von (1988). *Zischen direkter und indirekter Rede. Nichtwörtliche direkte Rede, erlebte Rede, logiphorische Konstruktionen und Verwandtes,* Tübigen : Niemeyer, (=Linguistische Arbeiten ; 192).

Vetters, C. (1989a). *Temps et discours,* Anvers : Universiteit Antwerpen (= Antwerp Papers in Linguistics 59).

Vetters, C. (1989b). Le Style Indirect Libre, in : C. Vetters (1989a), 30-70.

Vogeleer, Sv. ; Borillo, A. ; Vetters, C. ; Vuillaume, M., (éds), (1998). *Temps et discours,* Louvain-la-Neuve : Peeters, (= Bibliothèque des Cahiers de l'Institut de linguistique de Louvain ; 99).

Vuillaume, M. (1986). Y a-t-il des procédés d'identification du discours indirect libre ? in : *La linguistique à l'agrégation d'allemand,* (Université de Lyon II, 31 janvier - 1er février 1986), Lyon, 55-78.

Vuillaume, M. (1990). *Grammaire temporelle des récits,* Paris : Les Editions de Minuit.

Vuillaume, M. (1992) Création et représentation dans les énoncés fictionnels » , in : D. Andler ; *al.,* (éds), 267-275.

Vuillaume, M. (1998). Le discours indirect libre et le passé simple » , in : S. Vogeleer ; *al.,* (éds), 191-201.